Helmut Eller

Der Klassenlehrer an der Waldorfschule

Helmut Eller

Der Klassenlehrer an der Waldorfschule

Einführung in ein Berufsbild

Verlag Freies Geistesleben

Helmut Eller, geb. 1935. Studium der Erziehungswissenschaft in Hamburg und Ausbildung zum Klassenlehrer an Waldorfschulen in Dornach/Schweiz. Beginn der Klassenlehrertätigkeit 1960 in Hamburg-Wandsbek. 1976 Mitbegründer der Waldorfschule in Hamburg-Bergstedt und dort seither als Klassenlehrer tätig, inzwischen vertretungsweise. 1975 – 2000 Dozent an der Universität Hamburg mit einem Lehrauftrag über Waldorfpädagogik, seit 1988 ebenso an Seminaren für Waldorfpädagogik, inzwischen als Gastdozent. Seit 2001 in der Ausbildung von Sozialtherapeuten am Vogthof tätig. Umfangreiche Vortrags- und Seminartätigkeit.

3. aktualisierte Auflage 2015

Verlag Freies Geistesleben
Landhausstraße 82, 70190 Stuttgart
www.geistesleben.com

ISBN 978-3-7725-1561-3

Fotos: Charlotte Fischer
Einband & Satz: Bianca Bonfert, Foto Charlotte Fischer
Druck: Druckhaus Nomos, Sinzheim
Printed in Germany

Inhalt

Zum Geleit

Seit nunmehr fast hundert Jahren arbeitet die Waldorfschule. Sie kennt als eine besondere Einrichtung den Tatbestand, dass ein Lehrer über mehrere Jahre hinweg die Kinder in einer Klasse führt und dabei in allen wichtigen Fächern unterrichtet. Der Unterricht geschieht in Form des Epochenunterrichts. Jeden Morgen tritt dabei der Lehrer vor die Klasse und unterrichtet ein Stoffgebiet durch mehrere Wochen hindurch. Wer diese Unterrichtsform nicht kennt, für den stellen sich leicht einige prinzipielle Fragen: Wie kann das denn gehen? Ist der Lehrer nicht schlechthin überfordert, wenn er Jahr für Jahr neue Fächer zu unterrichten hat? Und wie ist das in Bezug auf die sozialen Beziehungen in der Klasse? Entstehen da nicht zu große Bindungen und Abhängigkeiten, die die Selbstständigkeit des Schülers zu beeinträchtigen vermögen? Kurzum: es gibt an dieses Muster des Klassenlehrers zahlreiche Fragen.

Weil diese Fragen real bestehen, hat unser verstorbener Kollege von der Pädagogischen Forschungsstelle beim Bund der Freien Waldorfschulen, Georg Kniebe, bei dem langjährigen, erfahrenen Klassenlehrer Helmut Eller angefragt, ob er nicht eine solche Darstellung als Erfahrungsbericht geben könnte. So ist schließlich eine Schrift entstanden, die den ganzen Reichtum dieser neuen Form der Lehrerexistenz ausleuchtet und beschreibt, und zwar in einer sehr gefälligen, leicht lesbaren und sehr anschaulichen Weise. Es ist dem Autor besonders zu danken, dass er keineswegs nur die sympathischen, sondern auch die schwierigen Aufgaben des Lehrers behandelt. Selbst die heute offenkundig notwendigen Konflikte – zwischen Schülern und Lehrer und zwischen Lehrer und Eltern – werden nicht ausgespart und ehrlich dargestellt. Zentral erscheint dabei, wie wichtig die Arbeit des Lehrers an sich selbst ist; auch darüber gibt es manches Bedeutsame mitzuteilen. Und wie nebenbei erfährt man sowohl über die Unterrichtsorganisation als auch über den Aufbau und die Lehrinhalte der Klassen eins bis acht Instruktives, sodass sich ein inhaltsgesättigtes Bild ergibt, das nicht nur für Eltern, sondern auch für sich orientierende Lehrer hilfreich sein kann.

Für diese gelungene Arbeit haben wir Helmut Eller, der aus der Perspektive des Ruhestandes zurückschaut und die Erfahrungen der Reifung des Alters unterzogen hat, herzlich zu danken.

Stefan Leber

Vorwort

Die Anregung, ein Buch über Aufgaben und Arbeitsweise des Klassenlehrers zu schreiben, ging von der Pädagogischen Forschungsstelle beim Bund der Freien Waldorfschulen aus. Georg Kniebe bat mich im Frühjahr 1996, dieses Thema zu bearbeiten.

Das Buch in der nun vorliegenden Form wendet sich vor allem an Eltern, die ihr Kind in einer Waldorfschule eingeschult haben und einen Überblick über das vielfältige Arbeitsgebiet des Klassenlehrers gewinnen möchten. Es will seine Leser informieren und in die Unterrichtsarbeit einstimmen. Zugleich kann es als ein Begleiter für die ersten acht Schuljahre aufgefasst werden. Während dieser Jahre unterrichtet, führt und betreut ein Klassenlehrer in der Waldorfschule «seine» Klasse und wächst in dieser Zeit innerlich stark mit den Kindern und deren Eltern zusammen. Diese gemeinsam erlebbaren Klassenstufen – mit den jeweils neuen Unterrichtsepochen, Aufgaben und den ständigen Veränderungen der Kinder – habe ich so geschildert, dass sich der Leser möglichst in die einzelnen Situationen hineinfühlen und sich schließlich ein eigenes «Bild» vom Klassenlehrer und seiner Unterrichtstätigkeit machen kann. Da jede Klassenstufe mit ihren jeweiligen Schwerpunkten – vom ersten Elternabend vor Schulbeginn an bis hin zum Abschluss des achten Schuljahres – in sich abgeschlossen dargestellt wird, erscheint es mir denkbar, dass diese Ausführungen auch zu Beginn jedes neuen Schuljahres für Eltern eine Orientierungshilfe sein können.

Ich habe die Schilderungen bewusst einfach und anschaulich gehalten. Wenn sie auch keine Einführung in die Waldorfpädagogik und ihre Hintergründe darstellen, bin ich doch auch gesondert auf grundlegende Aspekte der Klassenlehrertätigkeit, auf zentrale Elemente des Waldorfunterrichts eingegangen und habe hierzu im Rahmen des Möglichen einige Gesichtspunkte angegeben. Für viele Leser mag diese Schrift also auch eine Einführung in die Pädagogik der Unter- und Mittelstufe an Waldorfschulen sein. Wer mehr darüber wissen möchte, aus welchen Motiven heraus ein bestimmter Stoff auf einer bestimmten Klassenstufe durchgenommen wird, sei auf die angegebene weiterführende Literatur verwiesen.

Obwohl meine Ausführungen keine kritische Auseinandersetzung mit der Waldorfpädagogik beinhalten, hoffe ich doch, dass sich auch dem kritischen Leser manche Frage zufriedenstellend beantwortet, wenn er sich in das hier entworfene «Bild» vertieft. Meinen Ausführungen wird man entnehmen können, wie bedeutsam eine gute Zusammenarbeit zwischen Eltern und Lehrern ist. Mitunter gilt es auch, Klippen zu umschiffen und mit auftretenden Schwierigkeiten fertig zu werden. Diesem so wichtigen Thema ist daher ein ganzes Kapitel gewidmet, denn die Früchte eines guten gegenseitigen Verstehens werden die Kinder ernten.

Beim Schreiben des Buches hatte ich außer den Eltern auch Seminaristen und junge Lehrer vor Augen, die sich bei der Vorbereitung auf die nächste Klassenstufe einen Überblick verschaffen möchten und nach Anregungen suchen. Ihnen will ich durch meine Ausführungen vor allem Mut für ihre verantwortungsvolle Aufgabe machen. Vielleicht wird auch der eine oder andere erfahrene Klassenlehrer beim Lesen einen neuen Denkanstoß bekommen, da er sicherlich manche Themen bisher ganz anders behandelt hat.

Wenn ich einiges aus dem Unterricht freudig, enthusiastisch erzähle, könnte beim Leser vielleicht der Eindruck entstehen, dass «man es so macht» und es sich dabei um «Rezepte» handele. Das ist weder so gemeint noch beabsichtigt, und es wird hoffentlich nicht vorkommen, dass Eltern im Falle einer Unzufriedenheit mit dem Buch in der Hand zum Klassenlehrer ihres Kindes gehen, um ihm vorzuwerfen, er habe etwas ganz anders gemacht, als es dort beschrieben ist. Ja, es ist sogar wichtig, dass jeder Klassenlehrer die hier dargestellten Dinge für seine Kinder auf seine Weise, ganz aus seiner Persönlichkeit heraus, gestaltet und dementsprechend abändert. Ein anderer erfahrener Lehrer würde an vielen Stellen ganz andere Beispiele, vielleicht viel schönere, zu erzählen haben. Wie oft habe ich staunen müssen, wenn bei Fortbildungstagungen Kollegen von ihrer Arbeit berichteten! Die eigene schöpferische Tätigkeit des Lehrers soll also durch meine Darstellungen keinesfalls untergraben, vielmehr soll sie angeregt werden. Im Stillen habe ich die Hoffnung, dass meine Ausführungen zu einem besseren gegenseitigen Verständnis beitragen können.

Die 2. Auflage von 2007 wurde um einige mir notwendig erscheinende Kapitel erweitert. Zum einen war es mir ein Bedürfnis, für das sechste Schuljahr einiges Wesentliche zu ergänzen, zum anderen war in der ersten Ausgabe der sogenannte rhythmische Teil zu sehr auf die Arbeit in den ersten beiden Schuljahren beschränkt, sodass diese wichtige Thematik einer erheblichen Erweiterung bedurfte. Angehende Lehrer finden darin vielerlei Anregungen, wie man diesen Teil des Unterrichts auf unterschiedlichste Weise gestalten kann. Auch schien mir notwendig zu sein, auf die in den letzten Jahren von einigen Kollegen mit großem Elan entwickelten Unterrichtsformen einzugehen, die eine Fülle von Bewegungselementen beinhalten und sich dadurch bis in eine gänzlich andere Gestaltung des Klassenraums auswirken («mobiles Klassenzimmer»). Bei der jetzigen 3. Auflage wurde versucht, im Anmerkungs- und Literaturteil auch die inzwischen erschienene Literatur zu berücksichtigen.

Abschließend möchte ich mich bei einigen Persönlichkeiten, ohne deren besondere Hilfe das Buch nicht zustande gekommen wäre, sehr herzlich bedanken. Georg Kniebe überreichte mir während der letzten Tage seines Erdenlebens das Manuskript mit den Anregungen für ein Inhaltsverzeichnis. Herr Hans-Joachim Mattke hat mir wesentliche Anleitungen für ein eigenes Überarbeiten meines Manuskripts gegeben, dann auch viel Zeit investiert, um die erste Fassung zu redigieren und zu kürzen. Frau Ruth Bronsema hat als Sekretärin der Landesarbeitsgemeinschaft aller Hamburger Waldorfschulen und zugleich sehr erfahrene Waldorfmutter das Manuskript kritisch gesichtet und noch einmal umfassend überarbeitet. Schließlich danke ich Herrn Martin Lintz vom Verlag Freies Geistesleben für wichtige Gespräche und für die sorgfältige Betreuung des Buches.

Helmut Eller

1. Zur Einführung. Der Beginn der Schulzeit

In der Waldorfschule kommt dem Klassenlehrer eine zentrale Rolle zu – er unterrichtet in der Regel seine Schüler acht Jahre lang, von der 1. bis zur 8. Klasse, in verschiedensten Fächern. Täglich gibt er den sogenannten Hauptunterricht in Epochen von jeweils drei oder vier Wochen, angefangen von den grundlegenden Fächern der unteren Klassen, Rechnen, Schreiben und Lesen, bis hin zu speziellen Themen der Biologie, Physik, Chemie, Geschichte oder Geografie, die den Bedürfnissen und dem Entwicklungsstand von Dreizehn- bis Vierzehnjährigen entsprechen. So sieht sich der Klassenlehrer im Laufe dieser Jahre auch vor die Aufgabe gestellt, immer mehr Inhalte von Fächern zu vermitteln, die er nicht studiert hat oder mit denen er bisher vielleicht weniger vertraut war. Das bedeutet, dass er sich in immer neue Themengebiete einzuarbeiten hat.

Gleichzeitig begleitet er durch seine achtjährige Tätigkeit die ihm anvertrauten Kinder in einem entscheidenden Abschnitt ihrer Entwicklung, von der Kindheit bis in die Pubertät. Er wird so für sie zu einem wichtigen Betreuer.

Damit ist aber sein Arbeitsfeld noch nicht vollständig umrissen. Zu seinen Aufgaben gehört unter anderen auch, einen engen Kontakt zu den Müttern und Vätern seiner Schüler herzustellen; nur im ständigen Austausch mit den Eltern kann er das Kind angemessen fördern. Die sogenannte Elternarbeit ist daher ein wesentliches Element in der Tätigkeit des Klassenlehrers.*

Weitere Anforderungen und Aufgaben, auf die wir im Folgenden zu sprechen kommen werden, seien hier nur am Rande erwähnt: die Teilnahme an den wöchentlich stattfindenden Konferenzen (eine Notwendigkeit, die sich aus der demokratischen, nicht hierarchisch gegliederten Struktur der Schule und des Kollegiums ergibt), das Unterrichten in relativ großen Klassen (was gerade in letzter Zeit nicht mehr für alle Waldorfschulen zutrifft, aber immer noch häufig der Fall ist) oder die Erfordernis, sich ständig weiterzubilden und Neues dazuzulernen.

Deshalb wird sich jeder, der sich mit dieser Pädagogik bewusst auseinandersetzen möchte, fragen: Wie kann ein Klassenlehrer eine solche Aufgabe denn bewältigen? Kann er all diese Anforderungen überhaupt erfüllen?

Diese umfassende Frage steht immer im Hintergrund der fol-

* Mit dem Klassenlehrer sind selbstverständlich auch alle Klassenlehrerinnen gemeint. Es würde jedes Mal die Sätze in ihrem Fluss erheblich belasten, wollte man beide erwähnen, und so möge man mir verzeihen, dass ich der Einfachheit halber den allgemeinen Begriff des Berufes benutze.

genden Darstellungen. Entsprechend umfangreich wird auch die Antwort sein. Sie kann sich dem Leser eigentlich nur schrittweise, im Gang durch die einzelnen Klassenstufen mit ihren wichtigsten Unterrichtsinhalten, ergeben.

Konkret knüpfen sich daran aber weitere Fragen an, denen wir im Folgenden nachgehen werden:

Welche Aufgaben kommen in den einzelnen Schuljahren auf den Klassenlehrer zu? Wie verändern sich die Kinder während der acht Jahre, und wie kann man sich darauf einstellen? Welche Bedeutung hat die Zusammenarbeit zwischen Eltern und Klassenlehrer? Wie kann man als Klassenlehrer ein Lernender bleiben, auch nach vielen Jahren des Unterrichtens?

Der Beginn eines gegenseitigen Vertrauens

Eltern haben sich dafür entschieden, ihr Kind in die Waldorfschule zu schicken. Sie konnten sich vorher über das Besondere dieser Schulform orientieren, haben Vorträge oder einführende Veranstaltungen besucht, auch einiges gelesen und haben nun eine Vorstellung, was sie und ihr Kind erwartet.[1] Sie setzen zunächst Vertrauen in diese Schulform. Dennoch bleibt ihnen die Frage, wie der Klassenlehrer ihres Kindes all das in die Tat umsetzen kann, was sie von der Waldorfschule erhoffen.

Zunächst beschäftigt sie vor allem, wie der Klassenlehrer mit der Klasse und dem eigenen Kind zurechtkommen wird, ob sie mit ihm zusammenarbeiten können und wie sich das Vertrauen, das sie in ihn gesetzt haben, schrittweise begründen und vertiefen lässt, wird doch für das Wohl des eigenen Kindes viel davon abhängen, wie man sich als Mutter oder als Vater zu ihm stellen kann. So warten alle gespannt auf die erste Begegnung mit «ihrem» Klassenlehrer.

An den meisten Schulen lernen die Klassenlehrer ihre neuen Eltern erst am Elternabend kurz vor Schulbeginn kennen. Lampenfieber, Spannung und Aufregung herrschen auf beiden Seiten. Jeder weiß und fühlt, dass vom ersten Eindruck bereits viel abhängen wird.

Die Eltern bewegt schon lange vor dem ersten Elternabend nicht nur die Frage, wer und wie die Lehrkraft ist, der sie für acht Jahre ihr Kind anvertrauen, sondern auch die folgenden: Wer sind die anderen Eltern, denen sie an diesem Abend zum ersten Mal begegnen? Wie werden sich deren Kinder in der Schule verhalten? Wird eine gute Klassengemeinschaft entstehen, in der das eigene Kind sich aufgehoben fühlen kann? Wird «unser» Lehrer auch mit den Eigenarten meines Kindes fertig?

Nun, der Abend wird einige Klarheit darüber bringen, was sie an Ungewissheiten seit längerem in sich tragen, was sie unter Umständen mit anderen Eltern, die sie schon kennen, bereits erörtert haben. Vielleicht schwelt auch bei einigen Müttern oder Vätern die bange Frage im Hintergrund, was denn zu tun sei, falls ihnen die Lehrkraft in keiner Weise zusagt.

Wie aber mag es dem Klassenlehrer vor diesem so bedeutenden Abend ergehen? Bei aller Vorfreude auf die erste Begegnung mischen sich bei ihm doch auch Erwartung und Spannung sowie Unsicherheit herein, selbst wenn er bereits eine Klasse oder mehrere geführt hat. Auch er stellt sich Fragen: Wer und wie sind die neuen Eltern? Vertrauen sie mir ihr Kind gern an, oder werden sich bei einigen während der heutigen Begegnung leise Zweifel einschleichen? Wie wird die Zusammenarbeit werden? Wie werden die Eltern auf kleine Ungeschicklichkeiten, die – vor allem bei dem noch Unerfahrenen – auftreten, reagieren? Werden auch solche Eltern, die bereits Kinder in höheren Klassen und folglich schon etliche Elternabende miterlebt haben, den Anfänger akzeptieren, oder werden sie ihn immer mit dem «alten Hasen» vergleichen und zu viel von ihm erwarten?

Klar wird durch das Gesagte: Allen Beteiligten ist von vornherein bewusst, dass viel von dieser ersten Begegnung abhängt und es darum geht, die künftige Zusammenarbeit sorgfältig einzufädeln.

Der erste Elternabend

Ist die Aufnahme der neuen Erstklässler weitgehend abgeschlossen, finden sicherlich in allen Schulen mehrere Einführungsabende, mancherorts auch regelmäßig wiederkehrende «Elternseminare» statt. In vielen Fällen wird der neue Klassenlehrer aber nicht dabeisein können. Als Beispiel einer ersten Begegnung sei daher dargestellt, wie in der Rudolf-Steiner-Schule Hamburg-Bergstedt ein erster Elternabend im Allgemeinen gestaltet wird.

Der große Augenblick ist gekommen, und alle haben Platz genommen. Ein Kollege der Schulleitungskonferenz tritt vor die Eltern, um sie im Namen der Schule zu begrüßen und ihnen den Klassenlehrer bzw. die Klassenlehrerin ihrer Kinder vorzustellen.

Alle Anwesenden verfolgen gespannt, was diese Persönlichkeit aus ihrem Leben berichtet, wo und wie sie sich auf diese Aufgabe vorbereiten konnte, woher sie kommt und was ihre Ziele sind. So können sie sich ein erstes Bild machen: «Das also ist er (bzw. sie)!» Manchem mag in diesem Augenblick der Gedanke kommen: Wenn auf beiden Seiten guter Wille lebt, müsste künftig eigentlich alles gut gehen.

Der weitere Ablauf des Abends ist ganz in die Hände des Klassenlehrers gelegt, und er wird unter anderem vom Ablauf des ersten

Schultages und der ersten Epoche berichten, die das spezifische Waldorffach «Formenzeichnen» beinhaltet. Schließlich gibt es manches Organisatorische zu erörtern, auch allerlei Fragen zu beantworten, und während man sich auf die gemeinsame Arbeit und die Arbeit mit den Kindern konzentriert, wird alle anfängliche Aufregung bald vergessen sein.

Nach der Verabschiedung sieht man hier und da noch eine Zeit lang kleine Grüppchen beisammen stehen, munter plaudernd, herzlich lachend oder in ernste Gespräche vertieft. Nun kann sich echte Vorfreude auf den ersten Schultag einstellen.

Für den Klassenlehrer wird es nach einem solchen Abend eine besondere Freude sein, wenn er beim Betrachten der Anwesenheitsliste feststellen kann, dass alle Elternhäuser vertreten waren. Es wäre doch sehr bedauerlich, wenn jemand fehlen und die ersten gemeinsamen Erlebnisse versäumen müsste.

Die Einschulungsfeier

Wie die Arbeit in den gemeinsamen Jahren von Kindern und Lehrer verlaufen wird, hängt bereits davon ab, wie der Klassenlehrer den Beginn der Schulzeit vorbereitet – wie er zum Beispiel für seine Schüler den Schulanfang gestaltet. Er muss sich überlegen, wie er sie empfangen und begrüßen will, was er ihnen sagen möchte, wie er sie schrittweise in die große Schulgemeinschaft einzuführen gedenkt. Gründlich vorbereitet erwartet er daher die Einschulungsfeier für seine Erstklässler.

Die Einschulungsfeier ist ein bedeutsamer, aufregender Tag, nicht nur für die Kinder selbst! Wollen doch vielerorts außer den Eltern auch viele Verwandte miterleben, wie ihr Enkel, ihre Nichte oder ihr Patenkind vom Klassenlehrer und der Schulgemeinschaft aufgenommen wird. Aufregung herrscht natürlich auch in den Klassen, bei Eltern und Lehrern, nicht zuletzt aber bei dem, der an diesem Tag zum ersten Mal «seine» Kinder zusammenführen und sie von nun an täglich begleiten und unterrichten wird. Für manchen Teilnehmer wird diese Feier schließlich eine Gelegenheit bieten, den Klassenlehrer als Pädagogen kennenzulernen und das Vertrauen in ihn zu festigen.

Jede Schule hat ihre eigene Art, diese Feier zu gestalten. Als ein Beispiel unter vielen Möglichkeiten sei gestattet, auch eine Einschulungsfeier der Schule in Hamburg-Bergstedt, wo ich fünfundzwanzig Jahr lang als Klassenlehrer tätig war, zu schildern.

Die Eltern mit ihrem Schulanfänger, begleitet von etlichen Verwandten, nehmen als Erste vorn in der geräumigen Aula Platz und warten darauf, dass sich Klasse für Klasse hinter ihnen versammelt. Nach einer Eröffnungsmusik des Schul- oder eines Klassenorchesters heißt ein Lehrer die neuen Eltern mit ihrem Kind im Kreis der Schulgemeinschaft willkommen, formuliert einige wesentliche Gedanken und bittet dann den Klassenlehrer auf die Bühne.

Nach seiner kurzen Begrüßung wartet die gesamte Schule mit Spannung darauf, welche Geschichte dieser Lehrer «seinen» Kindern erzählen wird. Fast immer ist es ein Märchen, das ihnen in diesem Schuljahr zu einem Leitmotiv werden kann. Solche Anfangsmotive wurden bei Abschlussfeiern der 12. Klassen von den Schulabgängern manchmal aufgegriffen. Schüler äußerten ihr Erstaunen darüber, wie treffend ihr Klassenlehrer damals das jeweilige Motiv für sie ausgewählt hatte.

Noch ist der Klassenlehrer allein auf der Bühne, und mancher wird mitfühlen, wie schwer es für ihn sein mag, vor all den Menschen so persönlich zu seinen Schülern zu sprechen. Hat er bereits eine Klasse geführt, sind auch seine ehemaligen Schüler im Raum und hören gespannt, aber auch – dem Alter entsprechend – kritisch zu. So bedeutet die ganze Feier eine gewisse Prüfung für ihn. Es ist erstaunlich, wie aufmerksam selbst die älteren Schüler an einem solchen Tag einer Märchenerzählung folgen. Man könnte eine Stecknadel fallen hören!

Die 4. Klassen haben kleine, farbenfrohe Schultüten gebastelt, die vom Klassenlehrer inzwischen mit allerlei «Wegzehrung» gefüllt worden sind: mit Obst, Nüssen, Rosinen, manchmal einem Brotknust (symbolische Bedeutung: Stärkendes, Erfrischendes, aber auch Dinge zum Knacken und mühsamen Kauen – dem Weg durch die Schulzeit entsprechend). Diese «Schultüten» wurden mit den Namen der neuen Kinder versehen und befinden sich nun in einem großen Waschkorb auf der Bühne. Der Klassenlehrer greift hinein, nimmt irgendeine Tüte heraus (so umgeht man die alphabetische Reihenfolge) und liest den Namen vor.

Es ist eindrucksvoll zu sehen, wie unterschiedlich sich die Kleinen von ihren Eltern lösen, nach vorn auf die Bühne stapfen, die Hand zum Gruß reichen und die Schultüte entgegennehmen – je nach Temperament: Bei einem Kind erlebt man ein wackeres, zielgerichtetes Drauflosstürmen, sogleich nach der Hand, dann nach der Tüte greifend; bei anderen gewahrt man ein gemächliches, friedliches Schlendern und ruhiges Begrüßen; oder man erlebt ein heiteres, vergnügtes Dahineilen, den Eltern von der Bühne aus zuwinkend; wieder andere stehen zaghaft auf und wenden sich noch einmal den Eltern zu, um dann besonnenen Schrittes nach vorn zu gehen. Welch bedeutsamer Augenblick für Lehrer und Kind ist doch diese erste Begrüßung vor der Schulgemeinschaft!

Bald sitzen alle Kinder vorn auf langen Bänken dicht beisammen, und alle Anwesenden können es deutlich sehen: Das ist die neue erste Klasse. In diesem Augenblick spürt man als Klassenlehrer oft ein tiefes Glücksgefühl: Die gemeinsame Arbeit kann beginnen! Jedem Kind wird von Schülern einer höheren Klasse (mitunter sind es die ehemaligen Schüler des Klassenlehrers) eine große, leuchtende Blume überreicht. Manchmal werden auch kleine Geschenke ausgeteilt, die sich die Zweit- oder Drittklässler ausgedacht haben.

Schließlich ist Zeit zum Aufbruch. Im Gänsemarsch zieht der Klassenlehrer mit seiner Schar durch die Aula, während ihnen die Schulgemeinschaft das folgende Schullied singend mit auf den Weg gibt:

> Ich bin die Mutter Sonne
> und trage die Erde bei Nacht,
> die Erde bei Tage.
> Ich halte sie fest und strahle sie an,
> dass alles auf ihr wachsen kann.
> Stein und Blume, Mensch und Tier:
> Alles empfängt sein Licht von mir.
> Tu auf dein Herz wie ein Becherlein,
> denn ich will leuchten auch dort hinein.
> Tu auf dein Herzlein, liebes Kind,
> dass wir ein Licht zusammen sind.

Verstohlen suchen die Blicke einiger Schulanfänger – je nach Temperament –, ihre Eltern in der Menge ausfindig zu machen, dann führt sie der Weg mitten in das Schulleben hinein.

Die Eltern werden nun von der Schule zu einem Frühstück eingeladen, wobei sie Gelegenheit haben, auch einige Fachlehrer kennenzulernen. Es wird einige Zeit vergehen, bis die Kleinen ihre erste Schulstunde in Ruhe und ohne Klingelzeichen absolviert haben.

Mitunter ist es für Eltern nicht einfach, ihr Kind in diesen neuen Lebensabschnitt zu entlassen, werden sie doch in Kauf nehmen müssen, dass es seinen Klassenlehrer mehr und mehr lieben und sich ihm ganz anvertrauen will, um gut lernen zu können. So ist dieser Tag zugleich ein Wendepunkt, der große Freude, für einige Mütter oder Väter aber auch etwas Abschiedsschmerz beinhaltet. Seinem Kind zuliebe kann man diesen Schmerz aber hoffentlich schnell überwinden.

Die erste Schulstunde – «Ihr seid gekommen, weil ihr lernen wollt.»

Auf die erste Schulstunde hat sich der Klassenlehrer schon lange vorbereitet. Auch feine Nuancen hat er sich überlegt, denn wie der Faden eingefädelt wird, so wird er später laufen. So weiß der Lehrer in der Regel vorher, wo und wie er die Kinder am ersten Tag zu ihren Plätzen führt und wie er sie dann als ganze Klasse begrüßen wird. Vielleicht spricht er ihnen auch schon einmal den Morgenspruch vor, der in Zukunft dann täglich den Anfang des Hauptunterrichts bilden wird.[2]

Den Verlauf dieser ersten Schulstunde hat Rudolf Steiner 1919 seinen ersten Lehrern skizzenhaft vorgetragen, und er dient heute noch weltweit den Klassenlehrern an Waldorfschulen als Anregung.[3] Im Grunde geht es darum, in diesem bedeutsamen Augenblick seine Schüler darauf aufmerksam zu machen, weshalb sie in die Schule kommen. «Ihr seid gekommen, weil ihr lernen wollt!» – das ist das eigentliche, verborgene Motiv, das in den Kindern lebt.

Mit dieser Tatsache muss der Klassenlehrer sich vorher selbst innerlich durchdringen, um den Kindern aus Überzeugung sagen zu können, dass in ihren Seelen der Wille zum Lernen lebt. Auch die nötige Achtung vor dem, was «die Großen» schon können, klingt in dieser Stunde an, indem der Lehrer die Erstklässler darauf aufmerksam macht, was sie in der Schule lernen dürfen. Er wird dabei im Allgemeinen nicht sagen, dass sie hier «schreiben lernen», denn einige würden dann leise – oder laut – denken: «Das kann ich. Ich kenne schon alle Buchstaben.» Besser ist es, der Anregung Rudolf Steiners folgend, sie zum Beispiel darauf aufmerksam zu machen, dass die Erwachsenen sich gegenseitig Briefe schreiben und dass sie das eines Tages ebenfalls können werden (ein sozialer Aspekt). Auf ähnliche Weise wird das weitere Gespräch mit den Kindern verlaufen.

Ein Höhepunkt dieser ersten Schulstunde ist gekommen, wenn der Klassenlehrer nach entsprechender Vorbereitung alle Kinder einzeln an die Tafel bittet, um sie eigenhändig eine gerade und eine krumme Linie anzeichnen zu lassen. Er hat ihnen soeben mit entsprechenden Erläuterungen diese beiden Linien groß an der Tafel vorgezeichnet, hat die Kinder ihre Hände anschauen lassen und ihnen dabei gesagt, dass diese in der Schule besonders geschickt zum Arbeiten werden sollen. Von Anfang an steht im Unterricht der Waldorfschule der tätige Mensch im Mittelpunkt! Für den Lehrer ergibt sich beim Nach-vorn-Kommen, beim Auswählen der farbigen Kreide und Anzeichnen die Möglichkeit, die Kinder einzeln zu erleben und diese ersten Eindrücke liebevoll zu bewahren, bis sie sich zu einem inneren Bild, das er sich langsam von jedem Kind machen wird, zusammenschließen.

Gegen Ende dieser ersten Schulstunde erzählt der Klassenlehrer gegebenenfalls die in der Aula unterbrochene «Geschichte» zu Ende oder beschließt den Unterricht mit einer anderen kurzen Erzählung. Nach einer gemeinsamen Verabschiedung wird er es sich nicht entgehen lassen, jedem Kind die Hand zu geben und ihm in die Augen zu schauen – wie er es fortan täglich tun wird.

Vor der Tür warten inzwischen voller Spannung die Eltern, und viele lassen sich von ihrem Kind an der Tafel zeigen, welche «Gerade» oder «Krumme» von ihm gezeichnet wurde. Freilich möchten die Eltern auch so manches im Bild festhalten, und so wird oftmals dieser erste Morgen damit enden, dass die Eltern die Kinderschar mit ihrem Lehrer fotografieren.

2. Hauptunterricht und Epochenprinzip

Epochenunterricht als Langzeitpädagogik

Der morgendliche Unterricht an der Waldorfschule gliedert sich für die Klassen 1 bis 12 in die beiden Teile «Hauptunterricht» und «Fachunterricht». Dabei bildet der Hauptunterricht mit einer Länge von etwa 105 Minuten, also in der Regel von 8 bis 9 Uhr 45 (an einigen Schulen ist der Hauptunterricht etwas kürzer, an anderen sogar etwas länger), einen Schwerpunkt. Eine Reihe von Fächern, wie Deutsch, Rechnen und Mathematik, Formenzeichnen und Geometrie, Sachkunde, Geografie, Geschichte, Biologie, Physik, Chemie u.a., werden in dieser Zeit unterrichtet. Die Arbeit in diesen Fächern findet in einzelnen Epochen statt, die im Allgemeinen drei bis vier Wochen, in den unteren Klassen unter Umständen auch länger, dauern. Eine intensive Beschäftigung mit einem bestimmten Thema über einen längeren Zeitraum hinweg ist dadurch möglich. Eine solche Konzentration hat sich bewährt. Das jeweilige Thema bildet einen Schwerpunkt für den gesamten Vormittag und kann tags darauf zur gewohnten Stunde aufgegriffen, vertieft und weitergeführt werden. Die Schüler gewöhnen sich rasch an diesen Rhythmus.

Dass das Prinzip des Epochenunterrichts eine wesentliche Bedeutung für die Art des Lernens hat und auch elementare physiologische Grundlagen berücksichtigt, hat Wolfgang Schad klar herausgearbeitet. Er schreibt dazu unter anderem:

«Wer nur etwas Erfahrung in geistig schöpferischer Tätigkeit hat, wird bemerkt haben, dass man sich mit einem lebendigen Inhalt nicht nur zwei, drei auseinandergerissene Tage in der Woche beschäftigen kann, und das über beliebig lange Zeit, sondern über einige Wochen hin die Konzentration darauf sucht. Der epochale Unterricht regt den Schüler an, geistige Arbeit nach den Gesetzen geistiger Arbeit zu tun. Dazu gehört, dass das Erarbeitete danach ins Langzeitgedächtnis zurücksinken darf, denn es ist ein physiologischer und psychologischer Unsinn, vom Schüler wie auch von irgendeinem Menschen zu verlangen, alles, was er weiß, jederzeit im Bewusstsein reproduzieren zu können. Aktives Lernen und aktives Vergessen auf Zeit im obigen Sinne gehören zur geistigen Hygiene. ... Der Epochenunterricht ermöglicht, dass der Schüler die Unterrichtsinhalte tiefer in seine Organisation als nur ins Tagesbewusstsein aufnimmt ... und sie so für das Leben behält. ... Erst durch den Hauptunterricht betreibt die Waldorfschule Langzeitpädagogik und lässt nicht nur für die Schule, sondern für das Leben lernen.»[4]

Im Epochenheft, das die Schüler in jeder Epoche anlegen, wird von ihnen das Erarbeitete in Form von Texten und eigenen Zeichnungen festgehalten, während manches von dem im künstlerisch gestalteten Unterrichtsprozess Erlernten «ver-gessen» wird (auch im Sinne von «essen und verdauen»), sich aber während der folgenden Zeit in neue Fähigkeiten verwandelt. Zu Beginn der nächsten gleichlautenden Epoche bedarf es künstlerischen Geschicks, um das, was länger ruhte, aufzuwecken und wieder zutage zu fördern.

Für den Klassenlehrer hat das Epochenprinzip aber eine weitere wesentliche Bedeutung: Er braucht sich während drei bis vier Wochen nur jeweils auf ein Fach zu konzentrieren, kann sich also intensiv mit einem Thema beschäftigen. Das ist, wie wir noch sehen werden, eine unschätzbare Hilfe, um die Fülle des Stoffes und der Themen bewältigen zu können.

Der Hauptunterricht – innerer Atem und künstlerische Unterrichtsführung

Die Frage, wie die Kinder den «so langen» Hauptunterricht von etwa 105 Minuten ohne Pause durchstehen können, steht in engem Zusammenhang mit einer guten Gliederung des Unterrichts. Ein sinnvoller Stundenaufbau ist erforderlich, der den Kindern gemäß ist und zum täglichen Rhythmus, zur guten Gewohnheit werden kann. Der Klassenlehrer muss daher besonders darauf achten, dass der Hauptunterricht inneren Atem hat und eine künstlerische Unterrichtsführung ermöglicht.

Allem Rhythmischen wird in der Waldorfschule eine besondere Bedeutung beigemessen. Ein bildhafter Vergleich möge das grundsätzlich verdeutlichen. Wie in jedem Menschen Puls und Atem in einem gewissen Rhythmus zueinander schwingen und die beiden entsprechenden Rhythmusorgane – Herz und Lunge – dabei nicht ermüden, strebt man an, auch «Atem im Unterricht» entstehen zu lassen. Ein unterrichtliches «Ein- und Ausatmen» bedeutet dann beispielsweise einen rhythmischen Wechsel von Spannung und Entspannung, von Arbeit mit dem Kopf und Arbeit mit den Gliedmaßen, von Arbeit mit der Klasse und Arbeit mit dem einzelnen Schüler. Ein solch selbst geschaffener Rhythmus stärkt einerseits die Lebenskräfte der Kinder, erleichtert andererseits dem Lehrer die Arbeit, was für die Bewältigung seiner Aufgabe nicht unerheblich ist.

Schon am zweiten Schultag spielt eine solche Gliederung des Unterrichts eine wesentliche Rolle. Es soll daher an dieser Stelle ein Überblick gegeben werden, wie in der Unter- und Mittelstufe an Waldorfschulen der Hauptunterricht in der Regel strukturiert ist. Im Allgemeinen baut ihn ein Klassenlehrer so auf, dass sich fünf verschiedene Teile unterscheiden lassen:

1. rhythmischer Teil
2. Wiederholungsteil
3. Hauptteil
4. schriftlicher Teil
5. Erzählteil

Der rhythmische Teil

Der bereits erwähnte «Morgenspruch» bildet den Anfang des rhythmischen Teils. Dabei wird vom ersten bis zum vierten Schuljahr ein anderer Spruch gesprochen als vom fünften bis zum zwölften Schuljahr. (Die Texte sind auf S. 219f. wiedergegeben.) Im weiteren Verlauf singen oder rezitieren die Kinder, sprechen kleine Reime, machen Klatsch- oder Zahlübungen, schreiten im Reigen, spielen später auch während dieser Zeit Flöte.

Die Klasse wird dadurch zu einem gemeinsamen Tun angeregt, wobei die Schüler, die ja oftmals weite Wege hinter sich haben, sich gegenseitig wahrnehmen und wieder als Gemeinschaft innerlich zusammenfinden. Man könnte diesen rhythmischen Teil mit dem Einstimmen eines Musikinstruments vergleichen; wenn er gelingt, sind die Kinder und ihr Lehrer gut eingestimmt. Dabei ist sehr wichtig, dass man die gleichen Dinge eine längere Zeit hindurch täglich wiederholt, die Kinder immer wieder auf neue Feinheiten beim Sprechen und Singen aufmerksam macht und so das Geübte langsam zur Gewohnheit werden lässt. Indem sie beim Rezitieren die Versrhythmen aufgreifen, beim Singen und Musizieren die musikalischen Rhythmen erleben und ihnen das regelmäßige Üben schließlich zu einem neuen Lebensrhythmus wird, tauchen sie immer tiefer in das zuvor angedeutete rhythmische Element ein, das zugleich harmonisierend wirkt.

«Alles Tun braucht Rhythmus», schreibt Georg Kniebe und fährt dann fort: «Wie das Leben zwischen Polaritäten verläuft und dadurch ein sich wiederholender Rhythmus entsteht, der uns gesund erhält, so braucht das Kind im Unterricht einen Wechsel zwischen Bewegung und Ruhe, zwischen Zuhören und Eigentätigkeit, zwischen chorischer Gemeinsamkeit und Einzelarbeit, zwischen voller Wachheit und träumendem Eintauchen in Bilder. So entsteht ein Ein- und Ausatmen der Seele, die den Leib einmal stärker, einmal schwächer ergreift. Die Kunst besteht darin, an den Kindern abzulesen, was sie gerade brauchen.»[5]

In den ersten Schultagen wird der Klassenlehrer den Kindern zunächst kleine Verse nahebringen und sie durch ihr spontanes

Mitsprechen und Mitsingen zu einem ersten gemeinsamen Tun und Erleben führen. Es mag überraschen, dass etliche Kinder den ihnen noch unbekannten Text unmittelbar von den Lippen ablesen und sofort mitsprechen können. Für den Klassenlehrer ist es daher wichtig, den Wortlaut genau zu kennen, um ihn tags darauf nicht abwandeln zu müssen, denn einige Kinder würden das sofort bemerken und vielleicht auch lauthals kundtun, was nicht gerade der Autoritätsbildung dienlich wäre.

Auf weitere Übungen, die in späteren Schuljahren während dieses rhythmischen Teils durchgeführt werden, soll an entsprechender Stelle eingegangen werden (siehe S. 98ff.).

Der Wiederholungsteil

Was das Kind am Vortag im Unterricht aufgenommen und durchlebt hat, das hat sich durch den nächtlichen Schlaf stärker abgesetzt. Im Wiederholungsteil versucht man daher, mit Geschick die «vergessenen Schätze» wieder ins Bewusstsein zu heben, zu wiederholen und weiter zu vertiefen, sodass sie zum bleibenden Besitz werden. Dieses Motiv wir für alle Schuljahre Geltung behalten und sich lediglich – je nach Eigenart späterer Epochen – in Feinheiten abwandeln.

An dieser Stelle sei zumindest darauf hingewiesen, dass in der Waldorfpädagogik die Bedeutung des Schlafes für das Lernen des Kindes stärker gesehen wird, als das in der Regel in der allgemeinen Pädagogik der Fall ist.[6] Der Schlaf hat nicht nur eine regenerierende Wirkung, in ihm verwandelt sich auch das am Vortag Aufgenommene und Gelernte, grundlegende Motive arbeiten innerlich weiter und erscheinen am nächsten Tag oft auf einer neuen Stufe, können klarer gefasst werden. Das sollte man im Wiederholungsteil berücksichtigen und sich zunutze machen.

Am zweiten Schultag hat der Klassenlehrer bereits einiges zu wiederholen – im Sinne von es «wieder (= noch einmal) holen». Er kommt auf das gestrige Anfangsgespräch zurück, lässt die Kinder etwas dazu sagen, vertieft einiges, erweitert das Thema und leitet dann auf das über, was die Kinder am Tag zuvor mit den Händen getan haben. Noch einmal zeichnet er nun selbst die «Gerade» und die «Krumme» an die Tafel, bittet ein Kind nach vorn, um beides nachzuzeichnen, und lässt sich von ihm dann die Bezeichnungen für diese beiden Linien nennen. Also: «Das ist eine gerade Linie, und das ist eine krumme Linie.»

Methodisch gesehen geht es beim Wiederholen zuerst um die Eigentätigkeit mit den Händen, danach um die gedankliche Seite. Der pädagogische Weg der Waldorfschule, wenn man ihn einmal so bezeichnen darf, führt immer «vom Greifen zum Be-greifen». Die Sinnestätigkeit und die Bewegung mit den verschiedensten Körperteilen spielen für die intellektuelle Entwicklung im Kindesalter eine bedeutende Rolle, und so geht es im Wesentlichen darum, etwas mit dem ganzen Körper nachzuvollziehen und mit mehreren Sinnen zu erfahren, bevor es gedanklich gefasst wird.

Dieser von Rudolf Steiner angegebenen Art des Wiederholens verdankt der Klassenlehrer viel, da sie urbildlichen Charakter hat und die Willenskräfte des Kindes von vornherein anregt und stärkt.[7]

Wenn in der Waldorfpädagogik immer wieder vom «Stärken der Willenskräfte» gesprochen wird, so ist nicht gemeint, dass sich das Kind vornimmt: «Ich will etwas tun» (das könnte man eine Vorstellungstätigkeit nennen). Gemeint sind vielmehr die Kräfte, die wir beanspruchen, wenn wir das Kind wirklich ins Tun kommen lassen, wenn es z. B. mit seinen Gliedmaßen eine Tätigkeit wie Zeichnen, Malen oder Schreiben ausführt. Durch ein *regelmäßiges Tun* können solche Kräfte gestärkt werden.

Der Hauptteil

Es ist eine Kunst, den einen Unterrichtsteil so in den nächsten überzuführen, dass keine Brüche entstehen. So wird man vom Wiederholen geschickt in den Hauptteil überleiten, in dem es den neuen Unterrichtsstoff künstlerisch, lebendig darzustellen oder zu entwickeln gilt – der jeweiligen Altersstufe gemäß. Das geschieht in den ersten Schuljahren durch «bildhaftes» Erzählen, und dazu benötigt der Klassenlehrer etliche Vorbereitungszeit, bis er für seine Kinder das «Richtige» gefunden oder selbst fantasievoll ersonnen hat.

Am zweiten Schultag wird er jedoch bei dem Thema vom Vortag verweilen und erst am dritten Tag ein weiteres – im Sinne einer Fortführung – aufgreifen. Das könnte beispielsweise die «schräge Linie» sein. Diese beschreibt er, lässt ihre Form empfinden und zeichnet sie dann mit großen und kleinen Parallelen an die Tafel. Anschließend dürfen die Kinder sie dort nachzeichnen.

Der schriftliche Teil

Dann, nach dem Üben an der Tafel, warten alle darauf, zum ersten Mal im eigenen Heft oder auf einem Blatt Papier arbeiten zu dürfen. In diesem schriftlichen Teil des Hauptunterrichts geht es darum, dass nun alle Kinder mit den Händen etwas tun: Je nach Art der Epoche werden sie von dem im vorigen Teil Erarbeiteten etwas aufschreiben, aufzeichnen, ein Bild malen oder auch Rechenaufgaben lösen. Später wird sich zeigen, ob der Klassenlehrer am Schulanfang den Übergang zu diesem Teil geschickt genug eingefädelt hat, sodass die Kinder ihre Schreibutensilien zügig auspacken und dementsprechend an die Arbeit gehen können.[8]

Während des schriftlichen Arbeitens hat der Lehrer die Möglichkeit, durch die Klasse zu gehen, den Kindern bei ihrem Tun aufmerksam zuzuschauen, hier und da zu helfen, und er erlebt zugleich, wie unterschiedlich die Einzelnen zupacken. Da gehen einige forsch an die Arbeit, führen den Stift mit viel Kraft und lassen farbkräftige, leuchtende Formen entstehen. Andere sind ganz schnell fertig, haben flink mit leichter Hand dünne Linien gezeichnet. Gemächlich geht eine dritte Gruppe zu Werke, zeichnet langsam und bemerkt kaum, dass andere schon fertig sind. Zaghaft gehen wieder andere an die Arbeit, möchten alles sehr gründlich ausführen und sind am Ende doch nicht ganz zufrieden. So lernt man als Klassenlehrer die Kinder durch liebevolles Hineinschlüpfen in ihr Tun und durch entsprechendes Mitfühlen langsam in ihren Temperamentseigenschaften und Besonderheiten kennen.

Der Erzählteil

Dann freuen sich alle Kinder sehr auf «die Geschichte», die zum Abschluss des Hauptunterrichts, im Erzählteil, dargestellt wird. Der Klassenlehrer hat sich die Geschichte, die er erzählen will, zu Hause sorgfältig erarbeitet, sie möglichst auch auf die verschiedenen Temperamentsfärbungen abgetastet und trägt sie nun den Kindern ohne Buch vor. Das Bildhafte steht im Vordergrund, doch muss man auch darauf achten, dass man in einen lebendigen Erzählstrom hineinkommt und die Gefühle der Kinder erreicht. Das Erzählen will also gelernt sein.

In jedem Schuljahr gibt es, der Altersstufe der Schüler gemäß, ein besonderes Thema im Erzählteil. (Das bedeutet aber nicht, dass nicht auch andere Erzählstoffe hinzugefügt werden können.) Zum Erzählstoff der Waldorfschule schreiben Stefan Kaiser und Ingrid von Schmidt: «Mittels der dem Alter angepassten Erzählung gibt der Lehrer den Schülern eine fundamentale Hilfe, die sie schließlich mit der Pubertät zu einem beginnenden Verständnis unserer heutigen Kultur- und Zivilisationsverhältnisse führen soll. ... Die richtig gewählte und von Herzen vermittelte Erzählung hat unmittelbaren Zugang zur Kinderseele. Durch das natürliche Medium der Sprache, welche die menschliche Persönlichkeit offenbart, werden beim Schüler lebendige Bilder geweckt. Lebendige Bilder sind wandelbar und machen im Verlaufe der Entwicklung eines Kindes zum Erwachsenen vielfältige Metamorphosen durch. Der Erzählstoff wird dadurch für das Kind zu einer Hilfe bei seiner seelischen Entwicklung.»[9]

Der Klassenlehrer erzählt in der

1. Klasse: Märchen
2. Klasse: Legenden und Fabeln
3. Klasse: Geschichten aus dem Alten Testament
4. Klasse: Germanische Götter- und Heldensagen
5. Klasse: Griechische Götter- und Heldensagen
6. Klasse: Völkerkunde und Stoffe aus der Alten Geschichte
7. Klasse: Völkerkunde und Themen aus der mittelalterlichen Geschichte
8. Klasse: Völkerkunde und Themen aus der neueren Geschichte.[10]

Es ist für den Klassenlehrer nicht immer leicht, die bemessene Zeit für das Erzählen genau einzuhalten, und bei einer langen Geschichte muss er darauf achten, dass er beim Läuten der Pausenglocke nicht mitten in einer besonders spannenden Stelle aufhört und die Kinder auf den anderen Tag vertröstet. Das ist einerseits für deren Gefühlsleben nicht gut, kann andererseits auch Auswirkungen auf die folgenden Unterrichtsstunden haben, ist es doch wie ein zu starkes Anspannen oder Einatmen, dem die nötige Entspannung bzw. das Ausatmen fehlt. Auf den Erzählteil freuen sich nicht nur die Kinder, sondern auch der Klassenlehrer. So kann die gemeinsame Arbeit am Morgen gut ausklingen und der Hauptunterricht einen gelungenen Abschluss finden.

Märchen erzählen im ersten Schuljahr?

In einer Zeit, in der man jeglichen Sinn für die Bilderwelt der Märchen verloren hat, kann es erstaunen, dass die Klassenlehrer an Waldorfschulen im ersten Schuljahr ihren Kindern viele Grimmsche Märchen erzählen. Einige lernen diese auswendig und tragen sie mehrere Tage nacheinander wortgetreu vor – der ausdrucksvollen Sprache wegen. Man könnte die Texte mit eigenen Worten nicht schöner wiedergeben oder knapper fassen. Andere Klassenlehrer hingegen erzählen die Märchen mit eigenen Worten, was pädagogisch ebenso berechtigt ist. Es wird aber nicht aus dem Märchenbuch vorgelesen: So wird jedes Wort vom Lehrer bewusst ergriffen, durchfühlt und für die Kinder neu geprägt. Es entsteht ein unmittelbarer Kontakt, und man kann die Kinder während des Erzählens anschauen, was beim Lesen aus dem Buch nicht in derselben Weise möglich ist.

Man kann beobachten, dass Kinder die Märchen mit besonderer Hingabe aufnehmen, wenn sie von Menschen erzählt werden, die sich mit den Hintergründen dieser Bilderwelt beschäftigen und den tieferen Sinn derselben zu verstehen suchen. «Echte» Märchen, wie z. B. die der Brüder Grimm, sind altem Weisheitsgut entsprungen und drücken im Bilde geistreich aus, was die Menschheit einstmals, als sie auf der Stufe einer Bildsprache stand, als seelisch-geistige Nahrung aufgenommen hat. Bei dieser Art von Bildern spricht man auch von «Imaginationen». Arbeitet man sich genügend in die Sprache der Märchen ein, findet man auch das richtige Verhältnis zu den sogenannten Grausamkeiten, die so manchen davon abhalten, den Kindern solche Bilder nahezubringen.[11]

Für Kinder sind die Märchen von großer Bedeutung, ja unerlässlich. Aus Rudolf Steiners Forschungen kann deutlich werden, dass ein unmittelbarer Zusammenhang zwischen der Kulturentwicklung der Menschheit und der seelisch-geistigen Entwicklung jedes einzelnen

Menschen besteht. Die Kinder durchlaufen also in wenigen Jahren noch einmal die großen Phasen der Bewusstseinsentwicklung: von einem frühen Bilderbewusstsein bis hin zum heutigen wachen Verstandesbewusstsein. Daher möchten sie während der ersten Schuljahre die gesamte Welt in bildhafter Weise aufnehmen und verstehen. Die Bilder müssen aber innere Aussagekraft haben, müssen «geist-reich» sein und möglichst Symbolcharakter haben. In den Kindern werden die noch sehr lebendigen Fantasiekräfte angeregt, schöpferisch zu werden, wenn sie während des Erzählens innerlich ihre eigenen Bilder gestalten. Diese bleiben einem oftmals für das ganze Leben erhalten.

Hierzu ein Beispiel: In Kursen mit Studenten habe ich öfters gefragt, ob die Teilnehmer mir «ihr» Rotkäppchen beschreiben könnten, ob «ihr» Wolf von rechts nach links vor ihnen vorbeigehe oder umgekehrt, ob Rotkäppchen nach rechts oder links vom Weg abweiche usw. Nun, Rotkäppchen sah bei vielen Studenten in der Vorstellung sehr ähnlich aus, obwohl sie meinten, es nicht auf einem Bild gesehen zu haben. Und als ich sie bat, sich einmal die Wegrichtung des Wolfes umgekehrt zu ihrem inneren Bild vorzustellen, sagten sie, das falle sehr schwer und sie würden es auch nicht mögen. Es wurde deutlich, dass wir alle eine Fülle von Bildern aus unserer Kindheit in uns tragen, die wir uns einmal mit unseren Fantasiekräften erworben haben und die uns zu einem bleibenden Besitz geworden sind.

Auch manche Erwachsene lesen gern Märchen. Sie fühlen sich einerseits zum Nachsinnen angeregt, erleben andererseits, dass die Beschäftigung mit diesen Bildern, da sie einem schöpferisch-lebendigen Bewusstsein entstammen, in ihnen ebensolche Kräfte wieder wachzurufen vermag, die sicherlich nicht nur Lehrende und Erziehende benötigen. Man nähert sich auf diese Weise zugleich dem Bewusstsein des Kindes und lernt es besser zu verstehen.

Fachunterricht, Übstunden und Förderunterricht

Der Fachunterricht beginnt in der Waldorfschule täglich anschließend an den Hauptunterricht, nach der großen Pause, wobei die Länge einer Unterrichtsstunde 40 oder 45 Minuten beträgt, als Block zusammengefasst 90 Minuten. Hierzu gehören folgende Fächer: zwei Fremdsprachen, Sport, Handarbeit, handwerkliche Fächer, Übstunden, verschiedene Künste wie Musik, Eurythmie, Malen oder Plastizieren (Modellieren in Ton), außerdem Religion und Gartenbau.

Da der Hauptunterricht nur etwa zwölf bis vierzehn Wochenstunden beträgt, übernimmt der Klassenlehrer noch für acht bis zehn Stunden in der Woche Fachunterricht. Schon allein aus wirtschaftlichen Gründen einer Schule ist dies nötig. Nicht selten hat der Klassenlehrer die Möglichkeit, in seiner eigenen Klasse zusätzlich ein Fach zu unterrichten. In den ersten Jahren kommen dabei in Frage: eine Fremdsprache, Musik oder Handarbeit. In nahezu allen Waldorfschulen wird der Klassenlehrer aber während der ersten beiden Schuljahre in seiner Klasse ebenfalls das «Spielturnen» durchführen (siehe S. 56f.). Es ist jedoch auch möglich, dass man als Klassenlehrer im Sport- oder im Werkunterricht, im Gartenbau oder in Religion eingesetzt wird, sodass dadurch die Möglichkeit entsteht, andere Klassenstufen kennenzulernen; die dort gemachten Erfahrungen wirken sich im Allgemeinen recht günstig auf die Arbeit in der eigenen Klasse aus. Ja, es ist geradezu empfehlenswert, auch andere Klassen zu erleben. Freilich bedeutet das zugleich, dass man mehr Kinder im Bewusstsein zu tragen, mehr Vorbereitung, etliche Zeugnisse mehr zu schreiben, je nach Fach und Altersstufe auch Korrekturen zu erledigen hat.

Gleichzeitig lernt der Klassenlehrer sich hierbei in die Arbeit derjenigen Lehrer zu versetzen, die als Fachlehrer in der Schule arbeiten und die Schüler verschiedener Klassenlehrer unterrichten. Bei jeder Klasse müssen sich die Fachlehrer sehr umstellen, um auf die jeweiligen Klassengebräuche und Gewohnheiten dieser Kinder geschickt eingehen zu können.

In den späteren Schuljahren sind vor allem die sogenannten *Übstunden* von großer Bedeutung. Ab einer bestimmten Klassenstufe (die Schulen beginnen damit sehr unterschiedlich) hält sie der Klassenlehrer ein- bis zweimal wöchentlich in seiner Klasse. Es hat sich gezeigt, dass alles, was in den Rechenepochen erarbeitet wird, einer regelmäßigen Übung bedarf, sodass in dieser Zeit alles Erlernte eifrig gepflegt wird. Übstunden haben sich auch für den Deutschunterricht bewährt, zum Beispiel wenn es darum geht, die Fähigkeiten in der Rechtschreibung zu vertiefen.

Für Schüler, die es im Rechnen oder mit dem Deutschen schwerer als die anderen haben, kann der Klassenlehrer frühzeitig anfangen, *Förderstunden* zu erteilen. Hat die Schule niemanden, der in der Lage ist, diese Aufgabe zu übernehmen, ist es auch nicht falsch, dass er sie selbst ergreift, kennt er doch die Kinder inzwischen sehr gut, weiß, womit sie sich quälen, und hat die Möglichkeit, für sie besonders erfinderisch zu werden! Dass er solche Fragen mit den Eltern vorher bespricht, versteht sich von selbst. In solchem Unterricht kann er auch Kindern, die längere Zeit hindurch gefehlt haben, vielleicht sogar eine ganze Rechen- oder Deutschepoche versäumen mussten, helfen, manches nachzuarbeiten. Hiermit beantwortet sich zugleich die Frage, wie es beim Epochenprinzip denn möglich ist, denjenigen Kindern gerecht zu werden, die aus irgendwelchen Gründen eine Epoche nicht mitmachen können.

3. Das erste Schuljahr

Die ersten Epochen

Nach einem kurzen Blick auf die Gliederung des Hauptunterrichts und auf die Bedeutung des Epochenprinzips soll im Folgenden versucht werden, einige wesentliche Epochen für die jeweilige Klassenstufe und ihren jeweiligen Zusammenhang mit der inneren Entwicklung der Schüler darzustellen. Dass diese Beschreibung nur exemplarisch sein kann und auch andere Epochen, die hier nicht erwähnt werden, eine ebenso große Berechtigung und einen wichtigen Stellenwert haben, versteht sich. Dennoch kann der Leser auf diese Art einen Einblick in wesentliche Aspekte des Unterrichts in der jeweiligen Klassenstufe erhalten und grundlegende Motive für die einzelnen Unterrichtsfächer kennenlernen.

Formenzeichnen

Die Schulzeit beginnt für die Kinder und deren Klassenlehrer, wie bereits angedeutet, traditionell mit einer Epoche «Formenzeichnen». Man führt die Schüler während der ersten Wochen so an die wesentlichen Grundformen, wie Gerade, Kreis, Oval, Spirale usw., heran, dass sie diese beim Betrachten innerlich erfühlen und durchleben, dann laufen und zeichnen, sodass sie am Ende der Epoche eine stattliche Anzahl farbig leuchtender Zeichnungen im Epochenheft oder auf Blättern vorweisen können. Die Kinder vollbringen dabei erstaunliche Leistungen. Es kommt bei diesem Tun einerseits auf ein erstes Üben von Geschicklichkeit an, ganz besonders aber auf die inneren Erlebnisse: Die Schüler sollen beim Formenzeichnen beispielsweise erfahren lernen, wie spitz sich ein Winkel und eine Zickzacklinie anfühlen – im Gegensatz zur Rundung eines Kreises oder einer Wellenlinie. Der ganze Mensch wird mit seinen Willens-, Gefühls- und Vorstellungskräften durch solches Tun beansprucht – ein wesentlicher Aspekt der Waldorfpädagogik.[12]

Während dieser Zeit wird weder geschrieben noch gerechnet, aber die Kinder lernen im rhythmischen Teil Reime und erste Gedichte zu sprechen und einfache Lieder zu singen.

Wie wichtig es ist, dass den Eltern der Sinn dieses Formenzeichnens vorher am Elternabend vertraut gemacht wird, kann man an einem Beispiel sehen: Ein Vater, der nicht zum vorbereitenden Elternabend kommen konnte, schaute während der Epoche die Arbeiten seines

Sohnes an, sah die für ihn «einfachen Formen», und eingedenk der eigenen Schulzeit – er war nicht in der Waldorfschule gewesen – fragte er verdutzt: «Ist das alles? Habt ihr denn nichts *gelernt?*» Man stelle sich vor, was in dem Kind vorging, das sich über diese Formen freute, sie mit Hingabe gezeichnet hatte und in dem Gefühl lebte, Bedeutendes geleistet zu haben. Schnell kann ein unbedachtes Wort Schaden anrichten – das gilt für Lehrer wie für Eltern. Hier wusste das Kind nicht mehr, ob der Lehrer alles falsch macht und der geliebte Vater recht hat oder umgekehrt. Gutes Zusammenwirken dagegen kann den Kindern Sicherheit geben, ihnen Vertrauen einflößen und ihre Lernfreude steigern, wenn die Eltern deren Arbeiten und kleine Fortschritte ebenso anerkennen und mit gebührendem Lob begleiten wie der Klassenlehrer.

Ein Blick in die erste Schreibepoche

Wenn man am letzten Tag der Formenzeichen-Epoche den Kindern sagt: «Am Montag werden wir eine Schreibepoche haben», bricht großer Jubel aus. Auch der Klassenlehrer wartet mit Spannung darauf, wie die «Buchstabenbilder», die er bereits ersonnen hat, auf die Kinder wirken werden. Geht es doch darum, mit Fantasie die abstrakten Zeichen der großen Druckbuchstaben in ein Bild zu kleiden, den Anfangslaut eines Wortes zeichnerisch-malerisch so umzugestalten, dass man ein großes Tafelbild malen kann, in dem Buchstabe und Wort deckungsgleich sind.

Beispielsweise habe ich meinen Kindern das Märchen von «Jorinde und Joringel» erzählt und die große BLUME, mit der Joringel die Jorinde entzaubern wird, so an die Tafel gemalt, dass überall die Rundungen des Lautes «B» erkennbar wurden. Man freut sich, für die Kinder so schöpferisch werden zu dürfen, und an ihren Reaktionen lässt sich abspüren, ob das gewählte Bild sie innerlich erreicht oder nicht. Was man an Buchstabenbildern für sie erfindet, neu entdeckt und begeistert darstellt, trägt dazu bei, dass sie ihren Lehrer anerkennen lernen und ihn zu ihrer «selbstverständlichen Autorität» machen (dazu mehr auf S. 102ff.).

Die Methode, wie man anschließend aus dem Bild das Schriftzeichen «herausholt» und zum Schreiben der ersten Worte gelangt, ist andernorts ausführlich und anschaulich beschrieben worden, sodass hier darauf verzichtet werden kann.[13]

Für die Kinder ist es ein großes Erlebnis, in den abstrakten Schriftzeichen die geübten Formen der ersten Epoche wiederzuentdecken. Im Wiederholungsteil werden die Buchstaben und Wörter geübt, die erarbeitet worden sind, und im schriftlichen Teil hat der Klassenlehrer viel Gelegenheit, den Kindern beim Schreiben über die Schultern zu blicken, dabei zu raten und zu helfen und sie wieder von einer neuen Seite kennenzulernen. Gegen Ende der Epoche «verabschieden» sich die erlernten Buchstaben, indem sie noch einmal gemeinsam an der Tafel und im Heft erscheinen. Nun dürfen sie – dem Epochenprinzip entsprechend – eine Weile «schlafen».

Die Kinder werden an das erste Rechnen herangeführt

In der Aufnahme-Sprechstunde lässt man vielerorts die Kinder zählen und kann erstaunt feststellen, dass es die meisten bis zur Zahl zwanzig mühelos vormachen. Zählen-Können heißt aber nicht, dass man schon rechnen kann!

Hat sich der Klassenlehrer einen Überblick erarbeitet, wie er methodisch vorgehen möchte, wird es wichtig, dass die Eltern vor oder während der Epoche erfahren, wie in der Waldorfschule im Rechenunterricht der Umgang mit den Zahlen gepflegt wird. Auf diese Epoche sind sie oft ebenso gespannt wie die Kinder.

Endlich ist es so weit! Für die Schüler gilt es, nicht nur auf verschiedenste Weise zu zählen, sondern auch die einzelnen Zahlen ihrer inneren Qualität nach zu erfassen, sie zu schreiben und nach und nach mit den verschiedenen Rechenarten umgehen zu lernen. Zum übenden Zählen an Gegenständen und zum Einführen der Rechenarten lassen die Klassenlehrer kleine Dinge mitbringen, wie Kastanien, Bohnen, kleine Hölzchen und vieles mehr.

Wie der Klassenlehrer die erste Rechenepoche geschickt beginnen kann, beschreibt Ernst Schuberth in seinem Buch *Der Anfangsunterricht in der Mathematik an Waldorfschulen*, das für Eltern wie Lehrer einen guten Einblick in den ersten Rechenunterricht gewährt.[14] Doch wird der Klassenlehrer schon nach wenigen Tagen der Arbeit merken, dass der Faden nur dann richtig weiterläuft, wenn er ihn mit guten Einfällen geschickt weiterführt. Bald wird er erkennen, dass einige Kinder schnell auffassen, andere aber eine längere Übungszeit benötigen und sich neue Aufgabenstellungen nur in kleinen Schritten aneignen können. Das richtige Tempo für das Voranschreiten zu finden kann dem Lehrer nicht von außen vorgeschrieben werden, jeder muss es selbst im Zusammenarbeiten mit seinen Schülern herausfinden.

Die Erfahrung zeigt, dass es in den Rechenepochen auf gut ausgewählte, kleine Schritte ankommt, die immer wieder geübt werden müssen. Hierbei spielt das Gedächtnis eine große Rolle, denn am Anfang wird vieles über das Gedächtnis gelernt, was von manchen Kindern erst später verstanden wird. So lernen die Schüler zunächst das «Einsundeins» (alle Additions- und Subtraktionsaufgaben innerhalb eines Zehners) auswendig und in späteren Epochen die einfachen «Einmaleinsreihen».

Beim Einführen der Grundrechnungsarten ist zu beachten, dass sich alle vier auf das «Teilen» zurückführen lassen, und das gilt es in die Praxis umzusetzen. So kann der Klassenlehrer beispielsweise beim

Addieren zunächst ein Verteilen der Dinge durchführen und lässt die Klasse anhand von zwölf Kastanien die Rechnung ausführen:

12 = 4 + 3 + 2 + … Kastanien

Es wird von einem Ganzen ausgegangen – wie beim Schreibunterricht –, und die Kinder üben gewissermaßen das Verteilen von Dingen. Das entspricht einer anderen Seelenhaltung, als wenn man mit wenigem anfängt und dieses vermehrt:

6 + 2 + 3 + 1 = ?

Der erste Weg entspricht einer analytischen Methode, der zweite einer synthetischen. Da es im Unterricht immer wieder auf diese beiden methodischen Ansätze ankommt und der erstere bisher wenig Beachtung gefunden hat, seien einige Erläuterungen eingeschoben.

Ernst Schuberth führt dazu aus: «Fragt man, wo Analyse und Synthese in der Welt zu finden sind, kommen organische und technische Entstehungsweisen in den Blick. Wird ein technischer Gegenstand – etwa ein Auto – produziert, so findet eine getrennte Herstellung der Teile statt, die dann auf verschiedenen Stufen zusammengesetzt, synthetisiert werden. Ganz anders vollziehen sich Bildungen im organischen Bereich … Eine Eigenschaft jeder analytisch-organischen Entwicklung ist die Bezogenheit jedes Teiles auf das Ganze. Versuchen wir, ein Teilorgan eines Organismus zu verstehen, so können wir dies nur, indem wir es auf den Gesamtorganismus beziehen. Niere, Galle, Milz usw. sind nur aus dem und im Hinblick auf den ganzen Organismus verständlich, dem sie angehören. Das bedeutet, dass wir ein *ganzheitliches,* vom Ganzen zu den Teilen fortschreitendes Denken zu entwickeln haben.»[15]

Solche Denkformen sind unentbehrlich im Umgang mit dem Lebendigen. Eine Wertung, schreibt Schuberth weiter, darf mit dem Gegensatz von analytischem und synthetischem Denken aber nicht verbunden werden, denn beide haben ihren angemessenen Anwendungsbereich. «In der anthroposophischen Pädagogik versuchen wir, mit den im Rechenunterricht geschulten Denkformen zunächst an die organischen Bildeprozesse anzuschließen und erst als eine Art Reflex oder Spiegelung das synthetisierende Denken zu schulen.»[16]

Rudolf Steiner machte beim Besprechen des Addierens die Lehrer der ersten Waldorfschule darauf aufmerksam, dass man es beim Anwenden der analytischen Methode mit einem «Verteilen» zu tun habe, wobei man etwas von sich weggebe und unbewusst eine altruistische Haltung einnehme. Beim synthetischen Addieren hingegen übe man das «Vermehren», was mehr den Egoismus anrege. Dieses Beispiel kann stellvertretend für viele verdeutlichen, wie es in der Waldorfpädagogik gerade auf Feinheiten ankommt, von denen eine starke Wirkung auf das Seelenleben der Kinder ausgehen kann.

Selbstverständlich werden den Kindern beide Arten des Addierens beigebracht und dann regelmäßig geübt. Das Gleiche gilt für die drei anderen Rechenarten.[17]

Ein methodisch interessanter Aspekt, mit den Kindern analytisch zu addieren, ist der folgende: Lässt man die Kinder – auch in späteren Epochen, wenn sie bereits mit größeren Zahlen umgehen – Aufgaben in der oben beschriebenen Form rechnen (12 = ? + ? + ?), darf jeder auf seine Weise die Addenden aufzählen. Wem es noch schwerfällt, wird schreiben: 12 = 11 + 1 oder 12 = 10 + 2, während begabte Schüler bald rechnen: 12 = 4 + 5 + 6 – 3.

Alle gelangen zu verschiedenen Ergebnissen, und man muss als Lehrer jede Aufgabe im Kopf nachrechnen. Bei der synthetischen Methode hingegen kann man die Ergebnisse vorlesen lassen und vergleichen. Die tüchtigeren Rechner der Klasse empfinden aber manches als zu einfach, sodass der Klassenlehrer für sie einige schwierigere Aufgaben bereithalten sollte.

Eine unvergessliche Erfahrung, die ich einmal am Beginn einer 2. Klasse machen durfte, fasst das Dargestellte zusammen: Die Schüler sollten zu Hause in der oben angedeuteten Weise Aufgaben mit der Zahl 12 rechnen und dabei die vier Rechenarten anwenden. Ein Schüler hatte sich zehn besondere Subtraktionsaufgaben ausgedacht und allein ausgerechnet. Sie waren etwa folgender Art:

$12 = 1000 - 167 - 243 - 355 - 86 - \ldots$

Der bescheidene Junge erzählte, er habe sehr lange daran gesessen und alles im Kopf gerechnet, dann habe die Mutter sie überprüft, und sie seien richtig. Beim Durchsehen seines sorgfältig geführten Heftes machte ich es mir zur Aufgabe, alles im Kopf nachzurechnen (was nicht gerade leicht war), um nachvollziehen zu können, was der Junge geleistet hatte. Wollte er mir doch eine Freude machen, und ich wusste seine Mühe nur mit einem Lob und meiner eigenen Anstrengung zu belohnen. Er rechnete auf diese Weise mehrere Tage nacheinander seine Aufgaben.

Was musste in einem solch begabten Schüler vorgegangen sein, wenn er beim täglichen Kopfrechnen lediglich gefragt wurde: $17 - 4 = ?$ Nun, er ließ es sich nie anmerken! Für ihn war es selbstverständlich, dass einigen Schülern einfache Aufgaben gestellt werden müssen. Um nicht überheblich zu wirken, beteiligte er sich regelmäßig und unauffällig.

Zusammenfassung

Die ersten drei Epochen der 1. Klasse, Formenzeichnen, Schreiben und Rechnen, sind wichtige Einführungen in die verschiedenen Unterrichtsgebiete. Nun kann der Dreierreigen wieder von vorn beginnen. Im Laufe des ersten Schuljahres zeichnen die Kinder alle

Grundformen mit ihren einfachen Abwandlungen, lernen die großen Druckbuchstaben kennen und erste Wörter schreiben, eignen sich im Umgang mit den Zahlen erste Grundkenntnisse an und lernen die vier Grundrechnungsarten im Zahlenraum bis 20 kennen.

Für den Klassenlehrer ist bedeutsam, dass er Freude und Begeisterung an den Unterrichtsstoffen entwickelt, sodass der Funke auf die Kinder überspringen kann. Was er während der täglichen Vorbereitung gedanklich arbeitet, in sich verlebendigt und durchfühlt, wird am nächsten Morgen wirksam werden! Darauf fest zu vertrauen kann ihm Kraft und innere Sicherheit geben, seiner Arbeit auch den nötigen Schwung verleihen.

Die vielfältigen Aufgaben des Klassenlehrers im ersten Schuljahr

Mit den Inhalten der ersten Rechen-, Schreib- und Formenzeichenepochen hat der Leser einen Einblick in grundlegende Motive des Unterrichts in der 1. Klasse erhalten. Darüber hinaus gibt es viele weitere Elemente, die die Arbeit in den unteren Klassen einer Waldorfschule bestimmen. Auf einige Aspekte werden wir daher im Folgenden näher eingehen.

Insgesamt sind die ersten Wochen und Monate der gemeinsamen Schulzeit für Schüler und Klassenlehrer eine bedeutsame Zeit.[18] Hat dieser den rechten Stundenablauf grundsätzlich veranlagt und spürt, dass die Kinder dabei innerlich gut einschwingen können, kommt es darauf an, das Begonnene rhythmisch zu pflegen, damit es zur Gewohnheit wird.

Der Klassenlehrer zugleich Mallehrer?

Der Malunterricht ist in der Unter- und Mittelstufe der Waldorfschule ein Teil des Hauptunterrichts und wird daher ebenfalls vom Klassenlehrer erteilt. Er übernimmt beim Malen mit Wasserfarben einen Unterricht, den in der Oberstufe der dafür ausgebildete Kunsterzieher hält. Dabei hat das Malen gerade in den unteren Klassen eine große Bedeutung, da die Beschäftigung mit der Sprache der Farben eine wichtige Nahrung für die Fantasie des Kindes ist und seine schöpferische Tätigkeit anregt.[19]

Es ist kaum vorstellbar, dass jeder Lehrer trotz bester Ausbildung schön malen kann. Dennoch kann man sich fragen, ob nicht auch in diesem Fach das stete Lernen-Wollen pädagogisch wirksamer ist als das bereits erworbene Können. Worauf kommt es beim Malen in den ersten Klassen an?

Einmal wöchentlich sollen die Kinder in die Welt der Farben eintauchen, sie in ihrem Wesen kennenlernen und lernen, mit ihnen umzugehen. Für den Klassenlehrer bedeutet dies, dass er sogenannte Farbgeschichten erfindet, in denen das Wesen der einzelnen Farben bildhaft zum Ausdruck kommt und die verschiedenen Farben in Wechselwirkung miteinander treten. Solche Farbgeschichten können sehr fantasievoll sein.[20] Die Farben nehmen für die Kinder dadurch Gestalt an, jede Farbe kann für sie zu einem individuellen, unverwechselbaren Wesen werden. Dass eine solche Sprache der Farben nichts Willkürliches, Subjektives darstellt, sondern objektiv ist, hat in aller Genauigkeit Goethe in seiner Farbenlehre herausgebildet. Es kommt nun darauf an, dass der Klassenlehrer diese Farbgeschichten aus dem inneren Erleben heraus auf dem Blatt umsetzt. Das kann gelingen, wenn er sich selbst mit der Farbe beschäftigt, dadurch schöpferische Kräfte in sich wachruft und den Kindern den Umgang mit Pinsel, eingefeuchtetem Blatt und flüssigen Grundfarben vorzumachen versteht. Schrittweise wird er sie zu intensivem Empfinden und künstlerischem Schaffen führen.

Ebenso wird sich der Klassenlehrer in das «malende Zeichnen» oder «zeichnende Malen», das mit Wachsbuntstiften (und auch mit Wachsblöcken) ausgeführt wird, einarbeiten, um die Kinder richtig anleiten zu können. Einige Tage nach Schulbeginn malen sie auf diese Weise ein erstes Bild – mit einem Märchenmotiv. Bevor sie selbst zu malen beginnen, malt der Klassenlehrer es groß an der Tafel vor und lässt sie dabei den Aufbau des Bildes beobachten. Da er zu Hause das Motiv bereits auf einem Blatt für sich gemalt hat, kennt er die Anfangsschwierigkeiten und kann die Kinder gut anleiten, ihnen eventuell auch einzeln helfen. Das Tafelmalen ist für den Klassenlehrer anfangs ungewohnt, aber auch diese Fähigkeit wächst mit der Zeit.[21]

Man kann folgende Erfahrung machen: Wenn man die Kinder beim Vormalen zuschauen lässt, werden ihre Bilder recht ähnlich aussehen, da sie überwiegend nachahmen. Nach einiger Zeit dürfen sie zu malen beginnen, während man selbst noch an dem Tafelbild arbeitet. Man kann erleben, dass sie sich davon anregen lassen, zugleich aber mutiger an das eigene Gestalten herangehen. Was ihr Lehrer ihnen vormalt, empfinden die Kleinen als schön.

Manche Klassenlehrer malen ihr Bild am Abend vorher an die Tafel. So lassen sich Schönheitsfehler leicht beheben, und die Kinder werden staunen, wenn morgens die Tafel geöffnet wird. Aber das Abmalen fällt ihnen schwer, da sie nicht miterleben, wie das Bild entsteht. Es kommt vor, dass Lehrer abends geradezu Kunstwerke an die Tafel «zaubern», die Kinder jedoch nicht so schön malen lernen wie solche Schüler, deren Lehrer sich jahrelang vor ihren Augen beste Mühe gibt. Auch hier gilt, dass das innere Ringen um neue Fähigkeiten sich pädagogisch stark auswirkt. Es ist aber nicht gemeint, dass man stets vor den Kindern malen sollte, denn auch der andere Weg hat unübersehbare Vorteile.

«Sinnige Geschichten» – die weite Welt wird zur Heimat

Der Klassenlehrer soll in den ersten Schuljahren auf Anregung Rudolf Steiners den Kindern in bildhaften Erzählungen die «Heimat» nahebringen. Spontan denkt man, damit sei ein erster Erdkundeunterricht gemeint. Dieser setzt aber altersgemäß erst im vierten Schuljahr mit der eigentlichen Heimatkunde ein. Jetzt stellt sich dagegen die Aufgabe, durch «sinnige Geschichten» die Kinder an die ganze Welt mit ihren Tieren, Bäumen, Blumen, Pflanzen, Steinen, den Sternen, Wolken, Winden und den Menschen heranzuführen.

Das Kind ist in diesem Alter innerlich noch eins mit der Welt, und so lässt der Klassenlehrer alle Dinge miteinander sprechen, beispielsweise eine Blume mit einem Schmetterling, der sie gerade besucht; ein Baum mit einem Moos, dem er gern Schutz bietet und das ihm dankt, indem es das nötige Wasser für ihn aufbewahrt; ein Vogel mit einem Busch, in dem er sein Nest bauen darf usw. Durch diese Art Erzählung wird das Gemüt der Kinder angesprochen, und ihre Augen öffnen sich für allerlei Schönheiten; ihre Sinne werden inniger. Man lässt auf diese Weise den Schülern die weite Welt zur «Heimat» werden und kann beobachten, wie während des Erzählens unruhige Kinder zu lauschen beginnen und stiller werden, was sich günstig auf die gesamte Arbeit auswirkt.

Will man ein Märchen erzählen, findet man einen reichen Schatz an Literatur, aber zum Erzählen einer sinnigen Geschichte bedarf es eigener Anstrengung, um die Welt neu zu erleben und ihre Wesen so innig kennenzulernen, dass sie miteinander in ein sinnvolles Gespräch kommen können. Damit ist dem Klassenlehrer die Aufgabe gestellt, sich für alles in der Welt zu interessieren, «exakte Fantasie» – wie Goethe sie bezeichnet – zu entwickeln und diese immer wieder zu üben.[22]

Es darf nicht Fantasterei werden, sie wäre für die Kinder schädlich. Wem das schwerfällt, kann inzwischen gute Anregung in Büchern von Kollegen finden, die sich jahrelang solche sinnigen Geschichten erarbeitet und sie dann veröffentlicht haben.[23]

«Moralische Geschichten» – eine gute Übung für alle

Mit Geschichten dieser Art ist dem Klassenlehrer ein weiteres Instrument in die pädagogische Hand gelegt, um bestimmten Kindern – wenn nicht sogar allen – zu helfen.

Man hat im Laufe dieser ersten Monate zum Beispiel beobachtet, dass es einem oder mehreren Kindern schwerfällt, immer die Wahrheit zu sagen, und schnell zu kleinen «Schwindeleien» gegriffen wird. Heutzutage ist das für manche nichts Besonderes, wird es doch öffentlich – bis in die Politik hinein – vorgelebt, ohne sich dafür zu schämen. Für die Entwicklung eines Kindes aber ist es von ungeheurer Bedeutung, dass der Erzieher «keinen Kompromiss mit dem Unwahren schließt» – wie es Rudolf Steiner ausdrückt –, sondern bewusst daran arbeitet, ein wahrheitsliebender Mensch zu sein oder zu werden. Die Kinder haben ein feines Gespür für die moralischen Qualitäten ihrer Erzieher und brauchen Menschen, auf deren Wort sie sich verlassen können. Auch sie wollen zur Wahrheit das richtige Verhältnis entwickeln.

Nun kann man eine Geschichte erfinden, in der eine Person in eine Situation gerät, in welcher sie sich in unangenehme Lügen verstrickt. Schritt für Schritt lässt man die Unwahrheiten aufdecken und für diese Person immer peinlicher werden, sodass sie sich mehr und mehr beschämt fühlt. Die Geschichte muss für die Schulkinder gut nachvollziehbar sein, sodass sie sich in die Person hineinfühlen und deren peinliche Erlebnisse innerlich durchmachen können. Es ist erstaunlich, welch starke Wirkung von solcher Geschichte ausgehen kann, wenn man sie der ganzen Klasse erzählt, anstatt sich an Einzelne zu wenden.

In gleicher Art kann man einwirken, wenn es sich beispielsweise um Angelegenheiten folgender Art handelt: Einem Kind ist die Federtasche abhanden gekommen, ein Tier wurde gequält oder ein Kind wird ständig verspottet. Der «moralische Zeigefinger» wird nicht erhoben, sondern die Kinder erleben das Geschehen im Bild mit, identifizieren sich damit, prüfen sich und beginnen sich selbst zu erziehen. Wichtig sind dabei die starken Gefühle, die der Lehrer in sich und den Kindern hervorzurufen vermag.

Das Spielturnen

Meist wird der Klassenlehrer während der ersten beiden Schuljahre im Fachunterricht das sogenannte Spielturnen durchführen. Hierbei hat er die Möglichkeit, seine Schüler auch in Bewegung zu erleben. Zugleich kann er mit ihnen verschiedene Reigen, Spiele, auch Singspiele einüben, die er später bei Feiern, Geburtstagen, auf Klassenausflügen und vielem mehr griffbereit hat, die gewissermaßen zum «Repertoire» der Klasse gehören.[24] Die Kinder spüren dabei unbewusst, dass ihr Klassenlehrer auch von solchen Dingen etwas versteht, und lernen ihn immer mehr als ihre «selbstverständliche Autorität» schätzen, achten, lieben (siehe dazu den Abschnitt auf Seite 102ff.). In diesem Unterricht bietet sich dem Klassenlehrer aber auch die Gelegenheit, seinen Schülern vieles nahezubringen, was für eine gute Klassengemeinschaft notwendig ist, zum Beispiel das gegenseitige Aufeinander-Rücksicht-Nehmen.

Der Jahreszeitentisch

Die Jahreszeiten mit ihren jeweiligen Festen haben eine große Bedeutung und werden daher in den unteren Klassen der Waldorfschule sehr beachtet. Es ist wohl in nahezu allen Schulen zur Gewohnheit geworden, die Klassenräume oder einen Tisch den Jahreszeiten entsprechend zu schmücken. Dies ist eine weitere Aufgabe für den Klassenlehrer, aber es hat sich mancherorts und so auch in meiner Klasse ergeben, dass talentierte Eltern die Aufgabe sehr gern übernehmen und mit viel Feingefühl auszuführen verstehen. Hier liegt eine Chance für die konkrete Zusammenarbeit von Schule und Elternhaus, für die mancher Klassenlehrer nur dankbar sein kann – vor allem dann, wenn er im Schulganzen einige Ämter zu bekleiden hat.

Dem Klassenlehrer fällt aber auch die Aufgabe zu, die Kinder auf die verschiedenen Feste rechtzeitig hinzulenken, mit ihnen entsprechende Gedichte sowie Lieder einzustudieren und an dem dazu bestimmten Morgen mit ihnen eine kleine Feier zu begehen, bei der zur inneren Einstimmung eine besinnliche Geschichte nicht fehlen sollte.

Die Gestaltung der Adventszeit

In der Vorweihnachtszeit steht man vor der Frage, ob es nicht sinnvoll wäre, mit seinen Schülern eine Weihnachtsarbeit für die Eltern auszuführen. Freilich darf dabei nicht zu viel Zeit vom Hauptunterricht und dem derzeitigen Epochenthema abgezweigt werden, und die Eltern sollen ja auch nichts davon bemerken! Im ersten Schuljahr wird den Kindern die Geschichte von der Christgeburt und den Hirten erzählt, die ihnen dann ja auf der Bühne von ihren Lehrern vorgespielt wird (die sogenannten «Oberuferer Weihnachtsspiele»). Manche Lehrer lassen die Kinder daher für ihre Eltern aus farbigem Bienenwachs eine kleine «Weihnachtskrippe» plastizieren, eine Tätigkeit, die pädagogisch gerade in dieser Zeit außerordentlich sinnvoll ist.

Im zweiten Schuljahr ließ ich meine Schüler gern die Weihnachtsgeschichte in einem besonderen Heft mit Bildern und Texten (in farbiger Druckschrift mit großen und kleinen Buchstaben) zu Papier bringen. Im dritten Schuljahr wurde die Geschichte der Heiligen Drei Könige im gleichen Heft ergänzt, wobei die Texte diesmal in der alten «deutschen Schrift» geschrieben wurden, die von den Kindern in dieser Epoche zugleich erlernt und somit praktisch angewandt wurde. Auch in den späteren Jahren ließen sich immer Themen finden, die das im Unterricht Erarbeitete übenderweise vertiefen halfen.

Warum eine Weihnachtsarbeit? Man hat in dieser Zeit eine gute Gelegenheit, über die Bedeutung des Schenkens zu sprechen und auch darüber, wie man anderen eine Freude machen kann, frühzeitig an sie denkt, und schließlich, wie man rechtzeitig mit einem Geschenk fertig sein muss. Die Kinder spüren während solcher Weihnachtsarbeit auf besondere Weise, wie der Klassenlehrer ihre Eltern im Bewusstsein hat, sie schätzt und achtet, ihnen Freude bereiten will und Wert darauf legt, dass für sie alles schön gestaltet wird. Er kann so dazu beitragen, dass auch sie ihre Gefühle der Achtung und Dankbarkeit ihren Eltern gegenüber vertiefen.

Neue Ansätze zur Unterrichtsgestaltung: das «mobile Klassenzimmer»

Schon bald nach Herausgabe der ersten Auflage des vorliegenden Buches blickte man in Bochum anlässlich der 40-Jahr-Feier der Schule auf den Jahrtausendwechsel und ein mögliches sinnvolles Zukunftskonzept. Es wurde daraus das sogenannte «Bochumer Modell», das seitdem von etlichen Schulen aufgegriffen, ganz oder mit verschiedenen Abänderungen übernommen wurde oder auch einige Schulen zu eigenen neuen Konzepten anregte, sodass beispielsweise die beim Thema «Einschulung» bereits erwähnte Hamburger Waldorfschule in Anlehnung an das Bochumer ein «Bergstedter Modell» entwickelte, das inzwischen ebenfalls einigen Schulen als Vorbild dient.

In der Zeitschrift *Erziehungskunst* (10/2005) beschrieb Wolfgang M. Auer, der seit dreißig Jahren als Lehrer an der Bochumer Schule tätig ist, die wesentlichen Grundzüge dieser Neuerungen: «Was ist das Bochumer Modell? Es wird häufig mit niedrigen Sitzbänken und Kissen gleichgesetzt. Das ist falsch. Bänke und Kissen sind nur ein Teil des Konzeptes und außerdem nicht neu. Was also ist das Bochumer Modell? Es ist eine Antwort auf die Situation der Kinder von heute. Kinder brauchen heute in der Schule etwas, was man früher voraussetzen, worauf man in der Schule einfach bauen konnte. Was den Kindern fehlt an Sinnesentwicklung, Bewegungsfähigkeit, Bindungsvermögen, Sozialverhalten und Rhythmusfähigkeit, das bildet die Basis für ein fruchtbares Lernen in der Schule. Und wenn diese Basis nicht oder nicht genügend vorhanden ist, dann sind Lern-, Verhaltens- und Entwicklungsstörungen die Folge. Hier setzt das Bochumer Modell an und möchte den Kindern Gelegenheit zur Nachreife geben. Und wenn die Kinder in Zukunft früher eingeschult werden, so bekommt das noch weit größere Bedeutung.»

Bei den fünf Kernpunkten, die entwickelt wurden, handelt es sich zunächst um eine verstärkte Schulung und Pflege der Sinne, ganz besonders der Körpersinne, wie Tast- und Lebenssinn, Bewegungs- und Gleichgewichtssinn. «Spiele und andere Erfahrungsformen dieser Sinne müssen also breiteren Raum einnehmen, um die Kinder zu stärken. Ganz besonders gilt das für den zweiten Bereich, die Bewegung. Sie braucht nicht nur Zeit im Stundenplan, sondern soll allen Unterricht durchziehen, soll Hauptelement des Lernens sein. Es soll ja dadurch der gesessene Rest des Tages auch noch ausgeglichen werden. Das mobile Klassenzimmer (siehe unten) gibt die beste äußere Bedingung dafür ab. Es gibt viel Freiraum, macht Bewegung möglich, fordert sie sogar heraus. Sitzbänke und Kissen sind eine praktikable Möglichkeit.»

Hier stellen sich dem Klassenlehrer interessante neue Aufgaben, vor allem, wenn es im «rhythmischen Teil» darum geht, mit der Klasse vielseitige Bewegungsmöglichkeiten auszuschöpfen.

Das dritte Element ist eine starke Rolle des Klassenlehrers als Bezugsperson, denn «nur auf starken Bindungserfahrungen wächst eine sichere Sozialfähigkeit». Der Klassenlehrer begleitet seine Schüler den ganzen Vormittag, «lässt sie nicht allein, weil er woanders unterrichtet, sondern gibt ihnen Schutz und ihren Erfahrungen Kontinuität. Eine besonders wichtige Rolle spielt dabei der regelmäßige Tagesabschluss.» Die Kinder sehen dann noch einmal ihren Klassenlehrer und umgekehrt, eventuell aufgetretene Schwierigkeiten können aus dem Wege geräumt und den Kindern kann Sicherheit vermittelt werden Der Klassenlehrer schaut also in den Fachunterrichten zu oder erteilt selbst diesen Unterricht. Der Erzählteil wird bei diesem Modell vom Ende des Hauptunterrichtes an das Ende der letzten Unterrichtsstunde verlegt.

Was das Rhythmische der Kinder anbelangt, «ist eine Nachreifung und Gesundung nötig und möglich. Voraussetzung ist ein von Tag zu Tag regelmäßiger Plan, so z. B. Englisch täglich eine halbe Stunde zur selben Zeit, und das für eine Epoche von vier Wochen, und dann die andere Fremdsprache; die anderen Fachunterrichte im Wechsel, aber in einem Zeitstreifen, der über die Woche an derselben Stelle des Vormittags liegt, ebenso der Tagesabschluss usw.» Welch eine Hilfe kann es für den Fremdsprachenlehrer bedeuten, wenn der Klassenlehrer auch im Raum anwesend ist, zuhört, eventuell sogar mitspricht, gar mitlernt, falls nötig auch für Ordnung sorgt!

«Der letzte Kernbereich gilt der Lebenspflege. Hier spielt das gemeinsame Frühstück eine wichtige Rolle, mit Ritualen, gegenseitigem Bedienen, höflichem Benehmen, gepflegter Unterhaltung. Für manche Kinder die erste Gelegenheit, ein gesundes Verhältnis zum Essen zu entwickeln.»

Die erwähnten Veränderungen wurden dem Bericht zufolge für die beiden ersten Klassen entwickelt und inzwischen auch großenteils mit Erfolg erprobt. Für den Klassenlehrer ergeben sich etliche Vorteile: Beispielsweise hat er einen viel größeren Erzählteil am Ende des Tages zur Verfügung, kann das Erarbeitete zusammenfassen, gestellte Aufgaben in Erinnerung rufen, kann die Kinder verabschieden und im Laufe des Vormittags seine Klasse in den verschiedenen Fachunterrichten begleiten oder selbst den Unterricht erteilen. Er lernt seine Kinder noch besser kennen und verstehen und kann eine gute Zusammenarbeit mit den Kollegen pflegen, in deren Unterricht er hospitierend anwesend ist. Es bedarf allerdings größerer innerer und äußerer Beweglichkeit, um die verschiedenen Anregungen in die Tat umsetzen zu können!

In dem zitierten Artikel über das Bochumer Modell wird erwähnt, dass das *mobile Klassenzimmer* die beste äußere Bedingung dafür abgebe. Mehrere Beiträge in demselben Heft befassen sich mit der praktischen Umsetzung der Bochumer Anregungen. Einige Kollegen, denen es inzwischen gelungen ist, im Unterricht mit viel mehr Bewegung als bisher zu arbeiten, stellen ihre interessanten Erfahrungen dar.

Um den Freiraum zu schaffen, den man benötigt, damit man im Klassenzimmer in dieser Weise arbeiten kann, wurden inzwischen Möbel erfunden, die sich schnell wegräumen und wieder aufstellen lassen. Bis ins Detail wurde alles sorgfältig überlegt und inzwischen auch erfolgreich erprobt. Wer seinen Klassenraum derart eingerichtet hat, wird im «rhythmischen Teil» vieles mit den Kindern praktisch tun können, was woanders mit herkömmlichem Mobiliar nicht möglich wäre. Allerdings muss der Klassenlehrer sich erst einmal richtig kundig machen und dann lernen, die neuen Anregungen ins Praktische umzusetzen. Es geht auch darum, selbst schöpferisch zu werden, um die Kinder zu sinnvollen Bewegungen anregen zu können. Hierzu findet der Leser in dem erwähnten Heft ebenfalls wertvolle Gesichtspunkte. Das mittlerweile erschienene Buch von Reinhard Schönherr-Dhom[24a] schildert wesentliche Aspekte dieses Konzepts und gibt eine Fülle von Anregungen zu einem Lernen in Bewegung.

Wichtig scheint mir bei allen Neuerungen zu sein, dass man folgenden Tatbestand im Auge behält: Zur Harmonisierung der Kinder bedarf es stets eines gesunden rhythmischen Wechsels von Bewegung und Ruhe – von «Selbstbetätigung» und «betrachtender Tätigkeit», wie sie in der Menschenkunde Rudolf Steiners genannt werden, und es gehört zu einer «Erziehungskunst», hierfür das richtige Gespür zu entwickeln.

Schaut man einmal zu, wie eine Klasse, die daran gewöhnt ist, ihre Bänke, Kissen und Ranzen im Nu auf die Seite räumt, kann man nur darüber staunen, dass auf so einfache und schnelle Weise eine solch große Fläche im Klassenzimmer entsteht, die nun zu vielfältigem gemeinsamem Tun und Sich-bewegen-Können anregt! All die verschiedenen Übungen, die in dem Kapitel «Der rhythmische Teil in den weiteren Schuljahren» erwähnt werden (s. S. 98ff.), musste der Waldorflehrer mit den Schülern früher im engen Klassenzimmern ausführen; er stand dabei selbst vorn vor den Kindern, an der Seite oder auch im Mittelgang. Wie anders dagegen lässt sich im «mobilen Klassenzimmer» im großen Kreis ein rhythmischer Teil durchführen!

Zum Ausklang des ersten Schuljahres

Den Eltern ein Textzeugnis – den Kindern einen Zeugnisspruch

Während die Kinder die letzten Epochen erleben, sitzt der Klassenlehrer bereits an einer interessanten, zugleich aber sehr zeitaufwendigen Aufgabe, bei der er sich fragen kann, ob sie eigentlich nur für die Eltern und deren Kind von Bedeutung ist oder nicht auch für ihn selbst. Denn wenn er ein Textzeugnis verfasst, hält er dabei Rückschau auf alles, was er mit den einzelnen Kindern erlebt hat, und versucht sich ein inneres Bild zu machen, um dieses dann in Form eines charakterisierenden Zeugnisses aufzuschreiben. Da gilt es sich zu erinnern, wie sich jedes einzelne Kind in verschiedensten Situationen während der einzelnen Epochen verhalten hat, wie es sich mehr oder weniger an allem beteiligen konnte, mittlerweile diesen und jenen Fortschritt gemacht hat, wie es in seinem Heft arbeitete und so weiter.

Solche Textzeugnisse zu formulieren verlangt ein liebevolles Sich-Einfühlen in die Wesenheit des Kindes und daher ein großes Verantwortungsgefühl. Nicht selten muss man länger überlegen, bevor man mit einer Formulierung ganz einverstanden ist. Auch ist einem stets bewusst, wie sehr ein falsches Wort kränken kann.

Die Zeugnisse sind für die Eltern bestimmt, aber auch die Kinder bekommen eine Art Wegzehrung, die mehr für die Zukunft gedacht ist: einen Zeugnisspruch, der sie durch das nächste Schuljahr begleiten soll. In einem Bild möchte man dabei dem Kind bis in Reim, Rhythmus und Lautbildung Verse schaffen, die seinem Wesen innerlich entgegenkommen, ihm eine Anregung geben und zugleich eine Hilfe sein können.

Nicht alle Klassenlehrer sind in der Lage, Zeugnissprüche selbst zu dichten, und so besteht auch die Möglichkeit, die veröffentlichten Zeugnissprüche für die Schüler zu übernehmen.[25] Nicht jeder kann ein guter Dichter sein, und so mag es in solchen Fällen besser sein, die gelungenen Sprüche weiterzureichen, als dass ein Schüler einen nur halbwegs gelungenen Spruch ein ganzes Jahr hindurch vor der Klasse sprechen muss.

Die Arbeit an den Zeugnissen und Zeugnissprüchen kann bei großen Klassen für den Klassenlehrer sicherlich in einigen Fällen belastend sein, aber hat er es erst einmal geschafft, so zeigt sich, wie wertvoll diese gründliche innere Beschäftigung mit den Kindern für ihn und seine künftige Arbeit ist. Mit ganz neuem Schwung kann er nun auf das neue Schuljahr zugehen. So bleibt nur noch zu hoffen, dass die Eltern beim Lesen der Zeugnisse am letzten Schultag mit der Art, wie er die Zeugnisse abgefasst hat, wie er auch bei der wahrheitsgetreuen Schilderung von Schwierigkeiten eines Kindes immer Wohlwollen durchblicken ließ, zufrieden sein werden.

Mit den Eltern beendet man das Schuljahr zuerst

Wie Eltern und Lehrer am Anfang des Schuljahres gemeinsam einen Vorausblick unternommen haben, so erscheint es auch sinnvoll, miteinander gegen Ende des Schuljahrs auf die geleistete Arbeit mit den Kindern und auf besondere Ereignisse hinzublicken, stellt sich einem Lehrer doch immer wieder die Frage, wie er die Eltern möglichst stark in alles einbeziehen und sie etwas aus dem Klassengeschehen miterleben lassen kann. An einem Elternabend kann er ihnen in Form einer lebendig-anschaulichen Schilderung einen Einblick gewähren in das, was er mit ihren Kindern angestrebt, was er möglichst auch geschafft und durchlebt hat. Es ist zu wünschen, dass die Eltern nach einer solchen ehrlichen Darstellung, bei der auch mögliche Probleme und überwundene Schwierigkeiten nicht verschwiegen wurden, zur Überzeugung kommen können, dass sie ihrem Klassenlehrer zu Recht Vertrauen schenken.

Im weiteren Verlauf des Abends wird auch darüber gesprochen werden, welche Bedeutung den Zeugnissen an der Waldorfschule zukommt, wie man sie verstehen und gegebenenfalls mit dem eigenen Kind bildhaft besprechen sollte. Auch über den Sinn der Zeugnissprüche und den Umgang mit ihnen gibt es sicherlich einiges zu sagen.

An einem solchen Elternabend zum Abschluss des ersten Schuljahres wird außerdem ein erster Blick auf den Beginn des neuen Schuljahres, auf die erste Epoche geworfen, denn in den meisten Fällen wird ja nicht gleich zu Beginn des neuen Schuljahres ein Elternabend stattfinden.

Zur Umrahmung dieses Abends wird vielleicht eine kleine Ausstellung vorbereitet, eine Dokumentation aus dem Unterricht, sodass die Eltern die Zeichnungen und Hefte ihres Kindes neben denen der Mitschüler betrachten und dadurch ihrem Kind ein tieferes Verständnis entgegenbringen können. Es hat sich sehr bewährt, solche Ausstellungen am Schuljahresende wenigstens in den unteren Klassen durchzuführen.

Die letzten Schultage mit den Erstklässlern

Wie der Herbst die Zeit der Ernte ist, so kann man als Klassenlehrer während der letzten Woche mit den Kindern die Früchte des Jahres einbringen, indem man noch einmal einen Rückblick auf alle Epochen hält, deren Inhalte geschickt zusammenfasst und die erarbeiteten Hefte gemeinsam anschaut. Auch einen Blick auf die Zukunft kann man mit den Kindern unternehmen. Das gilt übrigens nicht nur für die 1. Klasse, sondern auch für die folgenden Schuljahre.

Dann kommt der Tag, an dem der Klassenlehrer seine Schüler zum letzten Mal als «Erstklässler» begrüßt, ihnen in einer gut durchdachten Form die Zeugnisse überreicht und sie vielleicht mit einem fröhlichen «Auf Wiedersehen, liebe zweite Klasse» sowie anschließendem Verabschieden per Handschlag an der Tür in die ersten großen Ferien entlässt.

4. Eltern und Lehrer arbeiten zusammen. Wenn Probleme auftreten ...

Wie lässt sich die Elternschaft stärker in das Leben der Klasse einbeziehen?

Da die Schüler in Jahrgangsklassen eingeschult und weitergeführt werden, müssen auch die Eltern in all den Jahren zusammenbleiben, miteinander wirken und die Klasse verständnisvoll begleiten. Man kann zunächst nur hoffen, dass sie sich gut verstehen lernen.

Schließlich wünschen sich Eltern, Lehrer und Schüler eine gute Klassengemeinschaft, erleichtert sie doch erheblich die gemeinsame Arbeit. Wie aber kann man schrittweise dazu gelangen?

Ich habe in all den Jahren meiner Unterrichtstätigkeit immer wieder Klassenlehrer erlebt, die jede Gelegenheit nutzen, die Eltern ihrer Schüler stärker in das schulische Geschehen einzubeziehen, und dadurch zu ihnen und den Kindern ein auffallend harmonisches Verhältnis aufbauen. Einige Möglichkeiten einer solch fruchtbaren Zusammenarbeit seien im Folgenden geschildert.

Man kann beispielsweise die Eltern öfters zu gemeinsamen Ausflügen einladen, die am Samstag stattfinden, sodass auch die Berufstätigen Gelegenheit haben, die Klasse und ihren Klassenlehrer besser kennenzulernen, ihn vor allem mit den Kindern zusammen zu erleben. Es ist auch nicht unwichtig, dass der Klassenlehrer hierbei eine Gelegenheit findet, seinen Klasseneltern gegenüber Dankbarkeit zu zeigen, die alles organisiert haben.

Was sich die Kinder im Hauptunterricht, in den Fremdsprachen und der Eurythmie erarbeitet haben, kann Anlass geben, das Erlernte in Abständen an einem besonderen «Elternnachmittag» vorzuführen, wobei die Sorge für das anschließende gesellige Beisammensein ebenfalls in den Händen der Eltern liegt. Elternnachmittage sind für Lehrer wie für Kinder und Eltern immer etwas ganz Besonderes. Welch gute Gelegenheit zu weiterem gegenseitigem Kennenlernen und Erfahrungsaustausch! Während der Darbietungen können Väter und Mütter unmittelbar miterleben, wie ihr Kind auf der Bühne steht, im Chor mitspricht, sich an dem gemeinsamen Tun beteiligt oder auch eine Einzelleistung vollbringt. Mitunter machen Eltern dabei die Erfahrung, dass sich ihr sonst so ruhiges Kind im Klassenverband von einer völlig anderen, ihnen bisher undenkbaren Seite zeigt, und verstehen plötzlich den Klassenlehrer besser, der beim Elternbesuch bereits von dem ihnen bisher Unverständlichen berichtet hat.

Einige Lehrer richten zeitweilig Bastelabende ein, wenn es darum geht, einen Laternenumzug, ein Schulfest oder den jährlich stattfindenden Adventsbasar vorzubereiten. Manche laden zu einem Lesekreis ein, der von denjenigen Eltern regelmäßig besucht wird, die sich intensiver mit den menschenkundlichen Grundlagen der Waldorfpädagogik beschäftigen möchten.

Die Eltern der 3. Klassen in der Rudolf-Steiner-Schule Hamburg-Bergstedt beispielsweise planen, gestalten und organisieren in jedem Jahr gemeinsam mit den Eltern der 3. Klassen der Christophorusschule und den jeweiligen Klassenlehrern das große Sommerfest. Solch gemeinsames Tun schmiedet zusammen und hilft, das gegenseitige Vertrauen zu vertiefen.

Auch das gemeinsame Arbeiten am Schulbau oder für den Klassenraum stärkt in ganz besonderer Weise das Zusammengehörigkeitsgefühl, schafft gegenseitige Achtung und erweckt Vertrauen. Verständlicherweise lieben es die Eltern, wenn sie bei einer solchen Arbeit einigen Lehrern, vor allem aber «ihrem» Klassenlehrer begegnen und die Möglichkeit zu einem Gedankenaustausch haben.

Gerade in den letzten Jahren und Jahrzehnten ist das Bemühen um ein partnerschaftliches Verhältnis zwischen Eltern und Lehrern, das ja von jeher ein Anliegen der Waldorfschulen ist, noch gewachsen. Die Eltern werden stärker als gleichberechtigte Partner gesehen, und viele Klassenlehrer sind offen für deren – oftmals sehr einleuchtende und interessante – Anregungen. Von ihren Lebens- und Berufserfahrungen kann der Lehrer viel profitieren – wie er ja als Lehrer auch von den Kindern ständig lernt. Die gegenseitige Achtung wird, wie vielleicht einige meinen könnten, nicht darunter leiden, sondern im Gegenteil sehr verstärkt. Für den Aufbau eines guten gegenseitigen Verhältnisses zwischen Eltern und Lehrer ist also eine solch partnerschaftliche Einstellung unerlässlich. Schließlich sollte man als Lehrer auch bedenken, dass einige Eltern es nicht gut vertragen, wenn man ihnen gegenüber im Gespräch ständig die «Rolle des Lehrers» vertritt und immer beweisen möchte, dass man alles besser weiß.

Das Klassenspiel – eine besondere Gelegenheit zur Gemeinschaftsbildung

Ein sehr bedeutsames Ereignis innerhalb eines Schuljahres, das die Gemeinschaft von Schülern, Lehrer und Eltern stärken kann, ist das Einstudieren und Aufführen eines Klassenspiels. Es gibt solche Theaterspiele inzwischen für alle Altersstufen. Hat der Klassenlehrer erst einmal das richtige Stück ausgewählt, wird er (im ersten Schuljahr) den Kindern zunächst den Inhalt erzählen, dann kleine Details besonders nahebringen und ihnen schließlich die Texte abschnittsweise auswendig vorsprechen, dabei mit entsprechenden Gesten vorspielen. Wie schnell lernen die Erstklässler, alles mitzusprechen und mitzuspielen! Es gibt Kinder, die unbekannte Texte ihrem Lehrer unmittelbar von den Lippen abzulesen vermögen. So übt man zuerst alles im Chor, viel später erst – wenn überhaupt – in Einzelrollen. Es gibt Klassenlehrer, die im ersten Jahr auch alle Einzelrollen vom Chor sprechen lassen, während das einzelne Kind seine Rolle ausführt.

Für das Klassenganze ist dies eine gute Gelegenheit zur Pflege intensiven Zuhörens, gegenseitigen Wahrnehmens, Verstehens, Rücksichtnehmens und Tolerierens, zum Bilden einer Klassengemeinschaft. Oft werden auch Mütter für das Nähen von Kostümen eingespannt, bei größeren Spielen in den höheren Klassen auch Väter beim Kulissenbau, wobei sich besondere Kontakte ergeben.

Man kann sich vorstellen, welch große Spannung aufkommt, wenn die Aufführungstermine näherrücken. Man muss immer mehrere Termine andenken, da zum Schluss alle spielen wollen – am liebsten vor den Eltern am Elternnachmittag –, denn jetzt kann jeder Schüler alles auswendig. Während der Aufführung vor der Schulgemeinschaft dürfen die Eltern, deren Kinder an diesem Tag «ihre Rolle» spielten, meist dabeisein, und es ist immer schmerzlich für ein Kind, wenn Mutter oder Vater gerade an «seinem Aufführungstag» keine Zeit hat – wenn auch aus verständlichen Gründen.

Zur Klassengröße an Waldorfschulen

Heute beobachtet man überall große, mitunter kaum lösbare Lern- und Verhaltensstörungen bei Kindern, und so bleiben natürlich auch die Waldorfschulen davon nicht verschont. Man wird als Klassenlehrer oft gefragt, wie man mit den auftretenden Problemen fertig wird, zumal die Klassen meist größer sind als an anderen Schulen. Zunächst muss bezüglich der Klassengröße etwas klargestellt werden: Der Klassenlehrer hat im Hauptunterricht und manchmal auch in den Übstunden die ganze Klasse zu unterrichten, wie auch außer ihm zwei Lehrer, die während der ersten Jahre den Fremdsprachenunterricht erteilen; wann dort eine Aufteilung in zwei Gruppen einsetzt, wird von den Schulen sehr unterschiedlich gehandhabt, in einigen Schulen erst ab dem fünften, sechsten Schuljahr, in anderen schon früher. In dem ganzen übrigen Fachunterricht werden die Kinder von Anfang an in zwei, drei oder vier Gruppen aufgeteilt, sodass hier eigentlich kleine Klassen zu unterrichten sind.

Vor allem dem Klassenlehrer, der die ganze Klasse unterrichtet, bieten sich aber auch wertvolle methodische Hilfen, etwa das bewusste Umgehen mit den menschlichen Temperamenten (dem cholerischen, sanguinischen, melancholischen und phlegmatischen Temperament; s. S. 200ff.). Es ist ein wesentliches Element der Waldorfpädagogik, dass die verschiedenen Temperamentseigentümlichkeiten der Kinder, mit all ihren Färbungen und vorherrschenden Nuancen, berücksichtigt und für den Unterricht fruchtbar gemacht werden. Für den Klassenlehrer eröffnet sich hier ein weites Feld an inhaltlichen und didaktischen Möglichkeiten, und er kann die einzelnen Kinder in ihren Bedürfnissen dadurch gezielter ansprechen.[26]

Die Frage der Klassengröße an Waldorfschulen, Vor- und Nachteile relativ großer Klassen, ist schließlich ein Thema für sich, das hier nicht im Detail erörtert werden kann. Dazu gibt es seit Jahren eine rege Diskussion, und auf diesem Gebiet sind in letzter Zeit zum Teil auch Veränderungen im Gange, sei es, dass sich an manchen Waldorfschulen die außerordentlich starke Nachfrage nach Schülerplätzen abgeschwächt hat oder dass an anderen Schulen bewusst die Klassenstärke reduziert wurde. Im Zuge der Pisa-Debatte haben die Waldorfschulen zurzeit einen verstärkten Zulauf, was wiederum die einzelnen Schulen vor erhebliche Probleme stellt, möglichst viele Anmeldungen zu berücksichtigen.

Wichtiger aber als die Frage nach der Anzahl der Schüler ist wohl der Aspekt des individuellen Lernens, der sich, wie Christoph Lindenberg darlegt, nicht auf eine individuelle Betreuung in Kleingruppen reduziert, sondern auch beim Unterrichten vor der gesamten Klasse zum Tragen kommen muss. Lindenberg schreibt hierzu:

«So wichtig die individuelle Betreuung und Fürsorge namentlich auf der Unterstufe sein kann und so unverzichtbar die Bereitschaft des Lehrers zu persönlicher Hilfe sein muss: die Betreuung ist nicht das wesentliche Element zur Förderung individuellen Lernens. Im Vordergrund des Lernens steht doch immer der Unterricht, und der

Unterricht hat das Ziel, für alle allgemein Gültiges, ja auch allgemeine Konventionen und Kulturtechniken zu vermitteln. So wendet sich der Unterricht immer an die ganze Klasse; Unterricht kann nicht darin bestehen, dass jedem Kind ständig sein individuelles Häppchen verabreicht wird. ... Geht man (davon) aus, dass jedes Kind von sich aus lernt, so ist weder die ständige individuelle Zuwendung zum Kind noch das Zerreißen des Klassenverbandes und die Selektion nach Niveaustufen notwendig. ... Das individuell lernende Kind braucht vielmehr einen Unterricht, aus dem es sich herausholen kann, was es will und was es versteht. Wenn ein Lehrer vor einer Klasse steht – seien es 25 oder 34 Schüler –, so wird er damit rechnen müssen, dass jedes Kind in seinem Unterricht individuelle Lernschritte vollzieht. ... Daraus ergibt sich, dass sein Unterricht ein breites Spektrum an Lernmöglichkeiten anbieten muss. Und was für den einzelnen Lehrer gilt, gilt auch für die ganze Schule: Sie muss viele Lernsituationen anbieten, für die verschiedenen Begabungen ganz verschiedenartige Möglichkeiten. Nur so erhält jedes Kind seine Chance.»[27]

Wenn sich die ersten Schwierigkeiten mit Kindern einstellen

Es bleibt aber nicht aus, dass dem Klassenlehrer bald nach Schulbeginn in der Klasse Kinder auffallen, die es schwer haben, aufmerksam zuzuhören, sich längere Zeit hindurch ruhig zu verhalten oder sich aktiv an den gemeinsamen Übungen zu beteiligen. Hier ließe sich vieles aufzählen, was allgemein bekannt sein dürfte und was man als «Schwierigkeiten» zu bezeichnen pflegt. Für den Klassenlehrer ist es bedeutsam, sich frühzeitig ein umfassendes Bild von dem jeweiligen

Kind zu machen. Sehr hilfreich kann hierfür ein Gespräch mit den Eltern sein, die einem viele Einzelheiten aus den früheren Lebensjahren des Kindes schildern oder von Problemen berichten, die das Kind oder seinen Umkreis betreffen. Für jedes offene Wort wird man als Klassenlehrer dankbar sein, da man sich nur durch gründliche Kenntnis mit dem Schicksal dieser Persönlichkeit intensiver verbinden und entsprechend pädagogisch handeln kann.

So vereinbart man möglichst bald einen Elternbesuch, der den Sinn hat, dem Kind zuliebe gemeinsam um Verständnis zu ringen. Man kann als Lehrer gut verstehen, dass die Eltern solcher Kinder vielleicht gehofft haben, bestimmte Verhaltensweisen, die sie von ihrer Tochter oder ihrem Sohn längst kennen, würden im Unterricht nicht auftreten, und dass sie erschrecken, wenn von Lehrerseite so früh das Gespräch gesucht wird. Dem Klassenlehrer ist es am liebsten, wenn die Eltern auf ihn zukommen und von sich aus um einen Besuch bitten. Beglückt kann man nach einem solchen Abend (oder Nachmittag) auseinandergehen, wenn es im Gespräch gelingt, sich dem Wesen dieses Kindes zu nähern und es besser zu verstehen. Die guten Gedanken, die man sich bildet, werden von dem Kind unbewusst miterlebt und bleiben nicht wirkungslos. So kommt es häufig vor, dass es seinem Lehrer tags darauf vertrauter begegnet und er mit dessen «Schwierigkeiten» verständnisvoller umzugehen vermag.

Lehrer wie Eltern haben sich an diesem Abend vielleicht vorgenommen, durch Selbsterziehung einiges zu ändern, oder man hat verabredet, den Schularzt, einen Schultherapeuten oder eine Heileurythmistin einzubeziehen. Mit diesen bespricht man in den nächsten Tagen die Ergebnisse des Gesprächs und bittet sie um entsprechende Anregungen und Hilfen. Nach deren gemeinsamen Überlegungen wendet man sich wieder an die Eltern und schildert ihnen, wie man mit dem Kind am sinnvollsten hygienisch-therapeutisch arbeiten möchte, und bittet sie um ihre Einwilligung. Für die Klassenlehrer wird es künftig immer bedeutsamer werden, sich therapeutische und heilpädagogische Kenntnisse anzueignen.

Es gehört zu den Aufgaben des Klassenlehrers an Waldorfschulen, alle Kinder in ihrem häuslichen Bereich aufzusuchen, um sie dadurch besser kennenzulernen. Er wird sich ein viel umfassenderes Bild von ihnen machen können und dankbar sein, wenn sich durch die Gespräche zugleich das gegenseitige Vertrauen vertiefen lässt.

Und wenn trotz allem Konflikte auftreten? Mögliche Unzufriedenheiten und Probleme

An all diesen Beispielen mag deutlich geworden sein, dass sich bei gutem Willen und gemeinsamen Bemühungen ein Vertrauensverhältnis zwischen dem Klassenlehrer und den Eltern herstellen lässt. Dennoch kann es in der Praxis zu Missverständnissen, Spannungen, gar Misstrauen kommen – gelegentlich auch innerhalb der Elternschaft. Das wohl wirksamste Mittel, um Konflikte zu lösen, die bekanntlich überall auftreten können, ist das gemeinsame Gespräch. Alle Beteiligten gilt es zusammenzurufen und an einen Tisch zu bringen, um gegebenenfalls mit Hilfe von einer oder mehreren unbeteiligten beratenden und vermittelnden Personen, die das Vertrauen beider Seiten genießen, schrittweise die Probleme aufzuarbeiten, wobei es auf Offenheit und Ehrlichkeit ankommt. Der Kinder wegen ist es immer wichtig, die Schwierigkeiten anzupacken und aus dem Wege zu räumen. Der Klassenlehrer, der versucht, sich im Sinne Rudolf Steiners geistig zu schulen, sollte sich zusätzlich darum bemühen, dem Gegenüber mit positiven Gedanken zu begegnen und eventuelle bittere Erfahrungen zum Anlass für ein mutiges Vorwärtsschreiten und inneres Wachsen zu nehmen.

Die gesamte Arbeit mit seinen Schülern wird für den Klassenlehrer, wie wir gesehen haben, wesentlich einfacher und erfreulicher, wenn er sich von seiner Elternschaft akzeptiert und getragen weiß. Ist das nicht oder nur in geringem Maße der Fall, kann es für beide Seiten, vor allem aber für die Kinder, schwer werden, zu dem wünschenswerten Vertrauensverhältnis zu gelangen.

Die Arten von Schwierigkeiten und die Gründe, die dazu führen, sind so vielfältig, dass hier nur auf einige charakteristische eingegangen werden kann. Bei Abschluss der jeweiligen Thematik wird auf Möglichkeiten verwiesen, die hilfreich sein können, um aus solchen Sackgassen herauszufinden.

Zunächst sei der Blick auf immer wieder vorkommende Unzufriedenheiten gelenkt, aus denen später unter Umständen Probleme erwachsen können, wenn man ihrer nicht rechtzeitig Herr wird.

Wenn stille Wünsche nicht erfüllt werden

Ein nicht erfüllter Wunsch kann manchen Menschen unzufrieden stimmen. Eltern, die ihr Kind in der Waldorfschule eingeschult haben, hegen vermutlich viele, auch unausgesprochene Wünsche. Es gibt aber solche, die von vornherein unerfüllbar sind. Dazu zwei Beispiele:

Es kommt vor, dass sich die Eltern oder ein Elternteil für ihr Kind unbedingt einen erfahrenen Lehrer wünschen. Die Schule hat jedoch für diese Klasse einen jungen Lehrer eingestellt, und die Eltern müssen sich mit der ungewollten Situation abfinden, was nicht immer leichtfällt. Eine ähnliche Schwierigkeit tritt ein, wenn Eltern zu stark hoffen, ihr Kind werde während der acht Jahre von einem Lehrer – oder umgekehrt: von einer Lehrerin – unterrichtet.

In beiden angeführten Beispielen kann die Lehrkraft an der gegebenen Situation nichts ändern, aber den Eltern möchte man die Kraft wünschen, ihre Enttäuschung bald zu überwinden und sich auf diesen Lehrer ihres Kindes einzustellen. Gelingt das wenig oder gar nicht, kann sich ein Herd ständiger Unzufriedenheit bilden, und bei späteren, vielleicht schwierigen Gelegenheiten wird dann beispielsweise gesagt: «Das wäre einem erfahrenen Lehrer nicht passiert!»

Da ich in den letzten Jahren häufig bei jungen Lehrern und Lehrerinnen im Unterricht hospitieren durfte, möchte ich gern an die erwähnten Eltern als Erfahrung weitergeben, dass ich über die erfrischenden Einfälle und unterrichtlichen Maßnahmen dieser jungen Kollegen oft in Staunen versetzt wurde und viel dabei lernen konnte. Ein «alter Hase» muss sich immer aufs Neue um schöpferische Einfälle bemühen, um pädagogisch wirksam zu bleiben. Das ist bei dem Anfänger von vornherein gewährleistet.

Wenn Unzufriedenheiten auftreten, über die man nicht sprechen möchte

Es kommt weiterhin vor, dass in einer Familie *ein* Elternteil unzufrieden ist. Dazu einige Möglichkeiten:

Der Grund mag bereits darin liegen, dass nicht beide Eltern den Schritt zur Waldorfschule befürworten konnten, was schon im Elternhaus häufig zu Schwierigkeiten führt. Wer sich *für* diese Schule ausgesprochen hat, muss dem anderen immer wieder beweisen, was das Besondere dieser Pädagogik ist, was und auf welche Weise die eigenen Kinder inzwischen in der Schule gelernt haben. Auch das wird den Partner nicht immer überzeugen. Noch schwieriger kann es werden, wenn der andere wenig Bereitschaft zeigt, zum Elternabend mitzukommen, um sich dort Anregungen für ein breiteres Verständnis zu holen. Es wird ihn auch nicht viel zufriedener stimmen können, wenn der Partner ihm nach dem Elternabend freudig berichtet, da ihm das unmittelbare Miterleben fehlt und er ohnehin gern Skepsis zeigt.

Ich habe etliche Fälle dieser Art erlebt. Meistens half es, dass man lernte, gegenseitig Toleranz aufzubringen, und dazu konnte ich als Klassenlehrer mitunter während eines Gespräches behutsam beitragen. Manchmal brach das Eis während eines Elternbesuchs, sodass daraufhin wechselseitiges Vertrauen entstand. Ich musste aber auch erleben, dass der eine Elternteil die ganze Schulzeit hindurch an seiner grundsätzlichen Kritik festhielt, seine Unzufriedenheit nicht überwinden konnte, der andere Elternteil jedoch seine positive Einstellung mutig dagegensetzte und diese auf die Kinder übertrug; die Kinder konnten die Schule dadurch gut durchlaufen.

Eine zweite Möglichkeit ist, dass ein Elternteil große Sympathie zum Klassenlehrer bzw. zur Klassenlehrerin empfindet, der andere diese Begeisterung in dieser Form aber nicht teilen kann und deshalb umso skeptischer und kritischer wird. Für die Lehrkraft kann es in einem solchen Fall sicherlich gut sein, großen Sympathien wenig Beachtung zu schenken und sich besonders um denjenigen Elternteil zu kümmern, der aus besagten Gründen zur Kritik neigt und unzufrieden wirkt.

Ein weiteres Beispiel sei noch erwähnt: Während der ersten Monate nach Schulbeginn wird der Klassenlehrer für die Schüler mehr und mehr zur Autorität, und zu Hause ist es manchmal für die Mutter (oder den Vater) schwer zu ertragen, dass das eigene Kind ihr (oder ihm) bei verschiedenen Gelegenheiten entgegenhält: «Unser Klassenlehrer hat aber gesagt ...» In den nächsten Jahren kann sich das noch verstärken: Man möchte seinem Kind beim Rechnen etwas helfen und zeigt ihm einen Lösungsweg, den man selbst gut beherrscht und der immer zum Erfolg führt. Plötzlich heißt es: «Das hat der Klassenlehrer aber ganz anders gemacht!» Je nach Temperament der

Beteiligten kommt es daraufhin nicht selten zu kleinen Auseinandersetzungen, wobei man sich als Erwachsener vielleicht verärgert fragt, wer von beiden es besser weiß: der Lehrer oder man selbst. Eltern können so in einen Zwiespalt kommen: Einerseits wissen sie, dass das eigene Kind besonders gut lernt, wenn es seinen Klassenlehrer achten und lieben lernt, andererseits hat diese Tatsache zur Folge, dass sie ihre Autorität während der nächsten Jahre mit einem Lehrer teilen müssen.

Ein Vater, der mit seiner Tochter im vierten oder fünften Schuljahr wegen einer unlösbaren Rechenaufgabe aus der Bruchrechnung in Streit geraten war, fand einen geschickten Ausweg, um das Problem zu lösen: Er rief mich abends an und erzählte mir, dass seine Tochter steif und fest behauptet habe, Herr Eller habe die Aufgabe so angeschrieben und dann sei sie auch zu lösen. Es ließ sich schnell klären, dass das Mädchen falsch abgeschrieben hatte und er im Recht war, was ihn sehr beruhigte. Da seine Tochter von diesem Gespräch nichts wusste, konnte ich tags darauf den Kindern sagen, dass ich mich freue, wenn die Eltern sich auch für unsere Rechenaufgaben interessieren und eventuell auf Fehler aufmerksam machen, die sich beispielsweise beim Abschreiben einschleichen könnten. Das betreffende Mädchen meldete sich daraufhin und sagte, das sei ihr gestern passiert. Mir wurde deutlich, dass man auf solche Weise als Klassenlehrer helfen kann, das Autoritätsgefühl der Kinder gegenüber ihren Eltern zu stärken. Umgekehrt können die Eltern zu Hause durch positive Bemerkungen über den Lehrer die Einstellung ihres Kindes sehr beeinflussen. Ideal ist es, wenn es gelingt, sich gegenseitig zu unterstützen.

Wenn sich das Kind zu Hause beschwert

Eine andere Art von Unzufriedenheit kann auftreten, wenn das Kind nach Hause kommt und sich öfters über das Verhalten von einem oder mehreren Mitschülern beklagt. Von frechen Worten bis hin zu Handgreiflichkeiten weiß das Kind zu berichten und beginnt darunter zu leiden. Die Eltern sind vielleicht entsetzt, dass solche Dinge auch an der Waldorfschule auftreten können, und beginnen sich gar zu wundern, dass der Klassenlehrer (der es bisher vielleicht nicht bemerken konnte, da diese Dinge meistens in seiner Abwesenheit geschahen) nicht in der Lage ist, der Sache Herr zu werden. Treffen sie dann beim Abholen des Kindes auf dem Parkplatz andere Eltern, die Ähnliches in Erfahrung gebracht haben, verstärkt sich die Besorgnis, und sie beginnen zu beraten, was am besten zu tun wäre.

Ich war stets dankbar, wenn ich sofort verständigt wurde, sodass ich gezieltere Beobachtungen anstellen, der Sache so genau wie möglich auf den Grund gehen und mit den betreffenden Schülern sprechen konnte. Den «moralischen Zeigefinger» in solchen Fällen zu erheben hat meistens keine anhaltende Wirkung. Ich habe deshalb in den unteren Klassen Folgendes versucht und dabei gute Erfahrungen gemacht:

Was ich an verschiedenen kleinen Unarten oder solchen Verhaltensweisen, die das soziale Gefüge der Klasse störten, beobachten konnte, kleidete ich von Zeit zu Zeit in eine Geschichte ein und erzählte sie morgens den Kindern. Es war eine fortlaufende Geschichte von einer gleichaltrigen Schulklasse mit Schülern und einem Klassenlehrer, deren Namen es nicht in unserer Schule gab. Bestimmte Jungen und Mädchen bereiteten all die beobachteten Schwierigkeiten, trieben Unfug usw., während andere sich immer tatkräftig dafür einsetzten, dass in der Klasse alles gut lief: auf «Fritz» und «Margot» konnte sich der Lehrer ganz besonders verlassen! Durch den großartigen Einsatz dieser beiden und die Hilfe des Lehrers wurden auch den in der Geschichte «Unartigen» Wege gewiesen, wie sie sich künftig besser in die Gemeinschaft hineinstellen können. Wie in einem Spiegel konnten die Kinder ihre Situation anschauen und entsprechend damit beginnen, sich im Stillen zu korrigieren.

Bekanntlich werden Schüler immer schwieriger, wenn man sie ständig auf ihr Verhalten anspricht oder gar ermahnt. Das ließ sich auf diese Weise umgehen. Solche Erzählungen, die den oben dargestellten «moralischen Geschichten» ähneln, waren sehr beliebt, sodass öfters gefragt wurde: «Wann erzählen Sie uns wieder von Fritz und Margot?» Wichtig ist vor allem, dass das verängstigte Kind sich wieder sicherer fühlen und unbeschwerter zur Schule kommen kann, aber auch zu denjenigen Schülern, die ihm bisher Schwierigkeiten bereiteten, langsam ein neues Verhältnis gewinnt. Dazu sollten diese Geschichten ebenfalls beitragen.

Es kann aber auch vorkommen, dass sich ein Kind zu Hause beklagt, von seinem Lehrer «sehr ungerecht» behandelt worden zu sein. Verständlicherweise ruft diese Aussage bei manchen Eltern einen Schrecken hervor, besonders dann, wenn sie dadurch an die eigene Schulzeit mit entsprechend schmerzhaften Erlebnissen erinnert werden. Was tun?

Zunächst ist es für alle gut zu wissen, dass sanguinische und phlegmatische Kinder selten von Ungerechtigkeiten sprechen werden, die melancholischen hingegen alles Erlebte sehr empfindsam abspüren, auf sich beziehen und schnell betroffen sein können. Die cholerischen Kinder sind geradezu allergisch gegen Ungerechtigkeiten, wittern sie überall und reagieren heftig, ohne zu prüfen, ob sie die Situation richtig erfasst haben.

Außerdem ist es bedeutsam, wie zu Hause reagiert wird. Seinem eigenem Temperament entsprechend kann man entweder aufmerksam zuhören und sich in Ruhe ein eigenes Urteil bilden, oder man kann sich schnell aufregen und ohne weiteres Überprüfen des Tatbestandes heftig darüber empört sein, dass dem eigenen Kind Derartiges widerfahren ist. Die Kinder entwickeln schnell ein Feingefühl dafür, wie die Eltern auf ihre Schilderungen reagieren. Einige wissen das auszunützen und beklagen sich öfters, um die gewohnte schnelle Erregbarkeit der Mutter oder des Vaters von sich selbst abzulenken, und erzählen gern von allerlei Ärgernissen, die ihnen die Lehrer bereiten. Auf den Wahrheitsgehalt kommt es ihnen dabei weniger an. Sie finden immer ein Haar in der Suppe. Auch in solchem Fall ist es dringend anzuraten, möglichst bald mit dem Klassenlehrer offen darüber zu sprechen. Das Kind wird sicherlich vorsichtiger beim Erzählen sein, wenn es spürt, dass zwischen seinen Eltern und dem Lehrer Kontakt und reger Erfahrungsaustausch bestehen.

Wenn Unzufriedenheiten bezüglich der Unterrichtsführung auftreten

Es kommt auch an der Waldorfschule vor, dass in einer Klasse Eltern mit der Art, wie der Klassenlehrer ihr Kind unterrichtet, nicht einverstanden sein können und dementsprechend sehr unzufrieden werden. Aus der Fülle von Möglichkeiten hierzu einige Beispiele:

- Eltern bekommen das Gefühl, ihr Kind lerne zu wenig, werde nicht genug gefordert oder nicht seinem eigentlichen Können gemäß vorangebracht. Vielleicht wird sogar gesagt, die ganze Klasse lerne nicht genug.
- Einige meinen, den Kindern müssten mehr Hausaufgaben aufgegeben werden.
- Andere machen nachmittags folgende unerfreuliche Erfahrung: Sie wollen ihrem Kind bei den Hausaufgaben helfen, beispielsweise beim Rechnen, zeigen ihm einen Lösungsweg, wie sie

ihn damals gelernt haben, bekommen aber zu spüren, dass der Lehrer das alles ganz anders erklärt hat und ihre Methode wohl falsch ist. Das kann zu Empörungen seitens der Eltern führen, die doch schließlich auch einmal in der Schule waren, genau wissen, wie man es macht, und sich nun in eine Methode hineindenken sollen, die ihnen fremd, unverständlich und unter Umständen sogar viel zu umständlich erscheint. In seinem Urteil glaubt man sich schon dadurch bestätigt, dass ja auch das Kind in der Schule nicht alles begreifen konnte, sonst hätte es ja nicht um Hilfe gebeten.

– Eine weitere Beobachtung ist es, wie unterschiedlich das Empfinden der Eltern gegenüber dem Klassenlehrer ist: Während einige meinen, er sei für ihr Kind beispielsweise nicht streng genug, sagen andere das Gegenteil, und es gibt in jeder Klasse eine Gruppe von Eltern, die mit allem sehr einverstanden ist! Ähnlich verhält es sich bei vielen weiteren Urteilen über ihn.

Die Erfahrung zeigt: Eine Schule und ihre Lehrer werden es trotz aller Bemühungen nicht jedem immer recht machen können, auch eine Waldorfschule nicht. Aber welche Wege gibt es, der geschilderten Schwierigkeiten rechtzeitig Herr zu werden?

Der Klassenlehrer ist dankbar, wenn er als Erster angesprochen wird. Er kann dann an einem der folgenden Elternabende über die Hausaufgaben und ihre Bedeutung, über die allgemeine Lernsituation der Klasse, über seine Methoden usw. sprechen, dabei auch auf diesbezügliche Fragen und Anregungen der Eltern eingehen. Im gemeinsamen Gespräch können so gegenseitige Vereinbarungen getroffen und keimende Probleme behoben werden.

Eltern, die darüber sprechen möchten, dass ihr Kind unter- oder überfordert sei, möchte man raten, den Klassenlehrer um ein persönliches Gespräch zu bitten, möglichst verbunden mit dem ohnehin anstehenden Hausbesuch. Ich durfte immer wieder erleben, wie sich an solchen Abenden größere Klarheit in der Beurteilung des jeweiligen Kindes für beide Seiten ergab, zugleich etwaige Missverständnisse ausräumen ließen und der Keim für ein neues Vertrauensverhältnis gelegt werden konnte. In diesem Zusammenhang sei auch erwähnt, dass sich die Einrichtung einer regelmäßigen Sprechstunde in der Schule als sehr sinnvoll erwiesen hat.

Ich musste jedoch trotz all meiner Bemühungen in jedem meiner «Klassenlehrer-Durchgänge» erleben, dass es Eltern gab, die ich innerlich nicht erreichen und zufriedenstellen konnte. Wo Menschen zusammenleben, -wirken, gar gemeinsamen Idealen zustreben, bleiben sie nicht davor verschont, Schwierigkeiten zu begegnen, die es zu meistern gilt. Nicht alle können sich gegenseitig sympathisch sein, dennoch bedarf es eines guten Kontaktes zu den Eltern und deren Kindern, um erzieherisch wirksam zu sein. Kann man etwas tun, wenn die zwischenmenschlichen Beziehungen in eine Sackgasse zu geraten drohen oder bereits in der Sackgasse stecken?

Mir hat in solchen Situationen immer wieder die bereits angedeutete Übung Rudolf Steiners geholfen, die sehr wirksam ist und mir daher für alle möglichen zwischenmenschlichen Spannungen sehr empfehlenswert erscheint – die sogenannte «Positivitätsübung»:

Man versucht mit aller Anstrengung, an dem anderen Menschen, dem man bisher so kritisch begegnet ist, wenigstens eine, noch besser mehrere Eigenschaften, Tatsachen, Eigenarten (auch sein Aussehen!) zu finden, die man eigentlich als ganz positiv ansehen müsste, wenn man nicht so viel anderes an ihm auszusetzen hätte. Gelingt es einem nun, eine Zeit lang all die gewohnten kritischen, aburteilenden Gedanken – trotz aller Berechtigung – beiseite zu schieben und an deren Stelle die neuen, positiven zu setzen, so wird man die Erfahrung machen können, dass sich – da Gedanken bekanntlich Wirkungen haben – mit der Zeit ein neues Verhältnis zu dem

Menschen aufbauen lässt. Es bedarf freilich der häufigen Wiederholung und großer Geduld. Bevor anlässlich einer aufgetretenen Krise «die Flinte ins Korn» geworfen wird und man meint, dass es so nicht mehr weitergehen kann, könnte eine solche Übung vielleicht beiden Seiten ermöglichen, einen neuen Weg zu bahnen. Man sollte es wenigstens nicht unversucht lassen.

Falls das alles aber nicht mehr hilft, da die Basis für ein Gespräch zwischen Klassenlehrer und den betreffenden Eltern nicht mehr gegeben ist, bedarf es der Hilfe durch Mitglieder des Lehrerkollegiums, die das Vertrauen beider Seiten genießen. In vielen Schulen wurde in den letzten Jahren für solche extremen Situationen ein sogenannter Vertrauenskreis eingerichtet, der sich aus Eltern und Lehrern zusammensetzt. Der jeweilige Gesprächskreis bemüht sich, Klärungen zu schaffen und Wege zu einem neuen Konsens aufzuzeigen, der notwendig ist, um dem Kind, um dessentwillen man miteinander zu tun hat, wieder pädagogisch gerecht werden zu können. Seit etlichen Jahren gibt es zu all diesen so wichtigen Themen sehr anregende und weiterführende Literatur.[28]

Gelingt es, die aufgetretenen Schwierigkeiten zu beheben, wird die Zusammenarbeit hinterher oftmals umso intensiver und fruchtbarer. Man kann Krisen auch positiv ansehen und sie so auffassen, dass sie dazu da sind, um überwunden zu werden und innerlich daran zu wachsen.

Wenn ein Kind mit seinem Lehrer nicht zurechtkommt

Eine wichtige Frage, die einem sofort gestellt wird, wenn man auf die achtjährige Klassenlehrerschaft zu sprechen kommt, lautet etwa: Was kann man tun, wenn ein Kind mit seinem Klassenlehrer nicht zurechtkommt, ihn nicht mag, und was ist, wenn der Lehrer ein Kind nicht mag? Kann man lernen, sich zu mögen?

Zunächst muss man alles daransetzen, dass man in beiden Fällen die Ursachen ergründet – soweit das möglich ist (z. B. durch ein offenes Gespräch mit den Eltern) – und sich selbst ehrlich eingesteht, worin die Schwierigkeiten bestehen könnten. Mit den eigenen Antipathien muss man ebenso hart ins Gericht gehen wie mit zu starken Sympathien, die man Kindern gegenüber empfinden kann, da diese beiden Seelenkräfte ohne eigene Aktivität spontan auftreten und zunächst nicht vom Bewusstsein ergriffen sind. Durch die bereits dargestellte «Positivitätsübung» hingegen, die man in beiden Fällen machen wird, können die zwei Kräfte zu einem Tor werden, durch das man sich dem Wesen des anderen Menschen verstehend zu nähern vermag. Ein ehrliches inneres Ringen um ein rechtes Verständnis wird, wenn man es eine Zeit lang eisern durchhält, nicht ohne spürbaren Erfolg bleiben.

Im Allgemeinen lässt sich beobachten, dass die Kinder in den ersten Schuljahren sehr vertrauensvoll auf ihren Klassenlehrer zugehen und ihn achten und schätzen lernen, ihn gewissermaßen lieben lernen. Wenn dieses gute Verhältnis im Elternhaus wohlwollende Unterstützung erfährt, wird ein Kind es von sich aus nicht ohne Weiteres verändern oder gar ins Gegenteil verkehren wollen, es sei denn, dass von Lehrerseite aus gravierende Fehler begangen würden.

5. Das zweite Schuljahr

Das Wiedersehen am ersten Schultag

Wenn nach den Sommerferien die Schule wieder beginnt, berichten einige Eltern, dass sich die Kinder schon seit einiger Zeit gelangweilt hätten und auf den Unterricht freuten. Mit Spannung blickt auch der Klassenlehrer auf den ersten Schultag. Da gibt es meistens große Überraschungen: Einige Kinder sind während der Ferien erheblich gewachsen, andere haben sich in ihrem Auftreten etwas verändert. Aber es gibt auch so viele Ferienerlebnisse zu erzählen!

In sehr vielen Schulen werden die Schüler an diesem Morgen nach einem Empfang im Klassenraum in die Aula geführt, wo jede einzelne Klasse von ihrem Klassenlehrer durch eine kurze Ansprache «begrüßt» wird. Das ist für den Lehrer gar nicht so einfach, möchte er doch seinen Schülern bildhaft verdeutlichen, was im kommenden Schuljahr als charakteristisches Leitmotiv die Arbeit begleiten soll. Da lässt sich beispielsweise an den Lehrplan, an eine kleine Geschichte oder auch an ein Ferienerlebnis anknüpfen. Mitunter sucht man lange Zeit, um endlich am Ende der Ferien zu wissen, was man den Kindern vor all den anderen Klassen sagen möchte, und man ist bis zum letzten Augenblick der Ansprache gespannt, wie die Worte aufgenommen werden.

Nach diesem feierlichen Wiederbeginn freut man sich darauf, im Klassenzimmer mit den Kindern wieder allein sein zu können, und nach dem gemeinsamen Sprechen des Morgenspruches wird man vielleicht den Kindern einen genaueren Überblick über das kommende Schuljahr geben, sodass sie erfahren, was sie alles lernen dürfen, und darauf dann mit Spannung warten. Rudolf Steiner regte übrigens an, auch am Ende jedes Unterrichtes immer die Kinder auf das aufmerksam zu machen, was sie am nächsten Tag lernen dürfen, weil damit ein gewisses Interesse geweckt werde.

Die Kinder erhalten nun einen neuen Stundenplan, den sie, falls sie im Schreiben schon so weit sind, mit großen Druckbuchstaben von der Tafel auf ein großes, dafür vorbereitetes Blatt abschreiben dürfen. Es ist für sie eine große innere Genugtuung, wenn ihnen diese Aufgabe zugetraut wird und sie ihnen auch gelingt. Es stärkt ebenfalls ihr Selbstbewusstsein, wenn man ihnen deutlich macht, dass sie jetzt ja «Zweitklässler» sind und man schon mehr von ihnen erwarten darf.

An diesem Tag ist eventuell auch noch etwas Zeit, um in der Klasse einige Kinder von ihren Ferienerlebnissen erzählen zu lassen, vor allem solche Kinder, die voller Eindrücke stecken und die sonst jede Gelegenheit nutzen, um ihren Nachbarn schon «alles Wichtige» tuschelnd zu berichten, was man bekanntlich Schwatzen nennt, in diesem Fall aber eher als ein notwendiger Erlebnisaustausch anzusehen ist. Die neue Epoche wird in den meisten Fällen erst am nächsten Morgen beginnen können.

Aus dem Epochenunterricht

Das Formenzeichnen

Als Klassenlehrer ist man bei den Schilderungen der Kinder immer wieder erstaunt darüber, wohin die Einzelnen verreisten, wie weit sie in alle Welt hinaus verstreut waren. Jetzt gilt es, die Schüler wieder zusammenzuführen, dem Klassenganzen wieder «Form» zu verleihen. Viele Klassenlehrer beginnen daher gern mit einer Epoche Formenzeichnen, weshalb diese hier wieder als erste Erwähnung findet.

Welche neue Aufgabe stellt sich den Schülern wie dem Lehrer? Es klingt im zweiten Schuljahr ein Motiv an, an dem die Kinder sogleich bemerken, dass man ihnen nun Schwierigeres zutraut: Man beginnt, Symmetrieformen – die Kinder nennen sie gern «Spiegelformen» – zu zeichnen.[29] Wenn nach einer kleinen Einführung der Klassenlehrer als Erstes an der Tafel eine große gerade, senkrecht nach unten geführte Linie anzeichnet, fühlen sich alle an die allererste Schulstunde erinnert. Doch dann kommt die Überraschung: Links von der Geraden lässt man eine zunächst recht einfache Linienführung entstehen, zum Beispiel einen Bogen oder einen Winkel, und nun gilt es, auf der rechten Seite die Spiegelung entsprechend auszuführen: ein großes Erlebnis für die Kinder! Von Tag zu Tag verändern sich die Motive, werden komplizierter und bedürfen immer größerer Geschicklichkeit – auch für den Lehrer, sodass er anfangs sicherlich an der Tafel für sich allein am Abend zuvor manches üben wird.

Den Kindern merkt man an, dass das Formenzeichnen sie zur ruhigen Arbeitsweise zurückführt und sie zugleich innerlich strafft. Sie dürfen auch selbst Formen erfinden, doch werden ihnen immer wieder solche gegeben, an denen sie neue Erlebnisse erfahren können. Das übende Element stärkt ihre Willenskräfte, zugleich kommt es aber auch darauf an, immer wieder die Formen in der Bewegung zu erfühlen, sie innerlich mitzumachen.

Fabeln und Legenden – humorvoll und besinnlich

Wenn man sich als Klassenlehrer während der Sommerferien auf den Erzählstoff vorbereitet, wird einem deutlich, dass es etwas ganz Besonderes, tief Beeindruckendes war, den Kindern Märchen erzählen zu dürfen. Welch eine Fülle von Bildern, welch eine Dramatik, Spannung und Entspannung galt es zu vermitteln, und wie konnte das einen beflügeln! Nun aber geht es darum, die bekannten, so kurzen Fabeln in eine längere, zugleich lebendige, eindrucksvolle, bildhafte Erzählung umzusetzen. Die Legenden von Heiligen, also von Menschen, die bereits einen gewissen Grad von Vollkommenheit erlangt haben, sind dagegen viel leichter wiederzugeben, da sie bildhafter, auch inhaltlich umfangreicher und vor allem bereits in ähnlicher Form in Büchern zu finden sind.

Um Fabeln erzählen zu können, muss man seine Fantasiekräfte aktivieren und vorbildliche Literatur zu Hilfe nehmen; so kann man den Kindern seelische Gewohnheiten im Gewand der Fabel nahebringen. Manch interessantes Gespräch mit den Schülern lässt sich gut daran anschließen, haben sie doch ein feines Gespür für all das, was hierbei an menschlichen Schwächen zum Ausdruck kommen soll. Und die bildhafte Korrektur wird von ihnen tief ins Gemüt aufgenommen, um später als Gedanke in ihnen aufzuwachen und rechte Wege zu weisen. Trägt man eine Fabel vor, sollte man, wo es angebracht erscheint, immer den Humor durchblitzen lassen. Man denke nur an Reineke Fuchs und seine schlauen Taten. Die Kinder lieben ihn, freuen sich über seine Unbesiegbarkeit, auch wenn er manchmal mit dem gierigen Wolf etwas grausam umgeht.

Beim Erzählen von Legenden, wie der vom heiligen Franziskus, von der heiligen Elisabeth usw., entsteht eine viel besinnlichere Stimmung in der Klasse als beim Darstellen einer Fabel. Viele Waldorflehrer erzählen eine Zeitlang Fabeln, um dann für eine Weile die Legenden eines Heiligen darzustellen. Das kann eine sehr harmonisierende Wirkung haben.[30]

Gehören die Märchen auch hauptsächlich ins erste Schuljahr, so werden die Kinder ihnen jetzt noch ebenso gern lauschen. Da es viele großartige Märchen aus anderen Kulturen gibt, ist nun Gelegenheit, den Schülern Kostproben davon zu geben.

Nach wie vor freuen sich die Kinder am Ende des Hauptunterrichtes auf die zu erzählende Geschichte, aber auch jeder Klassenlehrer freut sich auf diesen Augenblick ganz besonders. Warum? Nun, einerseits erzählen Lehrer gern, andererseits sind bei der Geschichte wohl alle Kinder, auch die sonst unruhigen, ganz Ohr. Zugleich verbindet man sich als Klassenlehrer mit seinen Kindern durch all diese Erzählungen auf eine besonders innige Weise. So erhält der tägliche Abschluss des Unterrichts eine ganz besondere Note.

Der Schreibunterricht

Ist es im ersten Schuljahr gelungen, in den Schreibepochen alle großen Druckbuchstaben einzuführen, kann man sich jetzt den kleinen widmen.

Auch hier gibt es die Möglichkeit, sie aus Bildern zu entwickeln und zugleich ökonomisch vorzugehen, sodass man nicht zu viel Zeit verliert. Die kleinen Buchstaben können als Kinder der großen aufgefasst und mit Fantasie geschickt umgewandelt werden, sodass die Schüler an einem Tag mehrere solcher «Kinder» neben deren «Eltern» aufmalen und somit kennenlernen. Nun geht es auch darum, Texte abzufassen, die Groß- und Kleinbuchstaben enthalten. Hier bietet sich an, einmal alle Namen der Kinder aufzuschreiben. Da im Unterricht aber auch über bestimmte Themen, etwa über die Jahreszeiten, die Monate, die Woche, den Tageslauf, gesprochen wird, gibt es viele Möglichkeiten, diese Namen zu schreiben und so die Buchstaben zu üben, bis sie den Kindern geläufig werden. Ebenso können auch kleine Verse, Gedichte oder vom Lehrer abgefasste Texte im Heft aufgeschrieben werden.

Dies ist auch der späteste Zeitpunkt, vom mehr malenden Schreiben mit den dicken Wachsbuntstiften zum Schreiben mit dicken Holzbuntstiften (von den Kindern «Dickis» genannt) überzugehen – ein großer Augenblick für die Kinder! Hierbei muss man sich als Klassenlehrer überlegen, wie man sie einführt: ob die Kinder im Heft zunächst mit den Wachsblöcken breite farbige Linien ziehen, in die sie dann mit den Buntstiften gut hineinschreiben können, oder ob sie ganz frei auf dem weißen Blatt ohne jegliche Hilfslinie ihre Wörter aufschreiben. Weitere Möglichkeiten sind denkbar; der Klassenlehrer sollte sich nur rechtzeitig entscheiden, welchen Weg er für seine Klasse als den richtigen ansieht, und ihn dann mit den Eltern absprechen. Er wird es dabei sicherlich nicht allen recht machen können, und es hat viel für sich, dass die Eltern die letzte Entscheidung dem Klassenlehrer überlassen, wenn sie spüren, dass er von «seinem Weg» überzeugt ist.

Das Lesen üben – gemeinsam im ersten Lesebuch

Muss es einen nicht überraschen, dass die Kinder in der Waldorfschule wirklich erst so spät an das eigentliche Lesen herangeführt werden? Das ist eine zentrale Frage bezüglich des Unterrichts in der 2. Klasse.

Selbstverständlich hat der Klassenlehrer bisher die Kinder immer das lesen lassen, was sie mit eigener Hand geschrieben oder an der Tafel gesehen hatten, aber im Laufe dieses Schuljahres kommt der «große Tag», an dem sie ein Lesebuch bekommen, ein Buch mit vielen Geschichten, Sprüchen und Gedichten, die von Waldorflehrern für dieses Schuljahr ausgewählt und zusammengestellt wurden. Man kann darüber erstaunt sein, dass das Buch nicht fibelartig beginnt, sondern kleine bis große Texte enthält, an denen durch eine besondere Methode das chorische wie auch das individuelle Lesen erübt wird: ein weiteres wichtiges Thema für den Elternabend, an dem der Klassenlehrer wiederum «seinen Weg» bespricht und vormacht.[31]

Für die Eltern ist es wichtig zu wissen, dass die einzelnen Schüler das Lesen verständlicherweise unterschiedlich schnell lernen werden. Manche lassen sich sehr viel Zeit, und man kann die Eltern solcher Kinder vielleicht durch folgenden bildhaften Vergleich beruhigen oder trösten: Wie sich im Frühling an Büschen und Bäumen die Blattknospen unterschiedlich schnell öffnen – die der Eichen sogar erst aufgehen, wenn alle anderen längst im saftigen Grün stehen –, so steht es auch um die Fähigkeit, das Lesen zu erlernen.

Methodisch wird beispielsweise so vorgegangen, dass der Lehrer im Buch eine Geschichte auswählt und seinen Schülern zunächst die Inhalte derselben mit eigenen Worten ganz zum Verständnis bringt, in ihnen für alle Einzelheiten die entsprechenden Empfindungen weckt. Dann erst liest man ihnen Satz für Satz vor und achtet dabei auf die richtige Betonung, auf Heben und Senken der Stimme, das heißt auf die Satzmelodie. Die Kinder sprechen das Gehörte jeweils nach und begleiten dabei lesend mit dem Finger oder dem beliebten Lesezeichen den Text. Man wird anfangs eine Geschichte etliche Male auf diese Weise üben, dann auch einzelne Wörter nennen und suchen lassen, sodass Bewusstsein für das Gelesene entsteht.[32]

Nach häufigem Üben können einige Kinder die Texte so gut wie auswendig, und man kann nicht recht wissen, ob sie wirklich vorlesen. Das alles sei ihnen am Anfang vergönnt. Wenn man aber einmal genau erfahren will, wer schon richtig zu lesen vermag, so kann man den Schülern die sehr beliebte Aufgabe stellen, erst chorisch und dann einzeln den Text Wort für Wort rückwärts vorzulesen. Auch hierbei wird die bewährte Methode angewendet: vom Ganzen zum Einzelnen, vom ganzen Satz zum einzelnen Wort – eine seelisch aufweckende Tätigkeit.

Einige «Knospen» gehen aber trotz fleißigen Übens erst spät auf, und man kann als Klassenlehrer erleben, dass dann morgens ein Kind kommt und einem zuflüstert, es könne jetzt plötzlich lesen.

Das Waldorflesebuch bietet reichlich Erzähl- und Gesprächsstoff, und man hat die Möglichkeit, die Texte sorgfältig und fehlerfrei abschreiben zu lassen. Letzteres ist bedeutsam für das Erlernen der Rechtschreibung: Die Schüler müssen nämlich darauf achten, jedes Wort, das sie ins Heft übertragen wollen, vorher genau anzuschauen. Es ist gut, wenn sie bald lernen, mehrere Buchstaben auf einmal zu erfassen (und schließlich ganze Silben) und im Heft dann entsprechend aufzuschreiben. Wird darauf nicht rechtzeitig geachtet, so finden sich noch in etwas höheren Klassen Schüler, die beim Abschreiben für jeden einzelnen Buchstaben an die Tafel oder ins Buch schauen und ihn dann ohne viel Bewusstsein ins Heft übertragen. Sie umgehen damit den aktiven Leseprozess, können sich nebenbei mit anderem beschäftigen und machen kaum Fortschritte im Lesen. Klassenlehrer und Eltern sollten hierbei gut zusammenwirken und dem Kind dadurch rechtzeitig und liebevoll helfen.

Das Lesebuch ist für das zweite und dritte Schuljahr gedacht. Selbstverständlich sollen die Kinder auch alles lesen, was an die Tafel und ins Heft geschrieben wird. Dem Klassenlehrer stellt sich hier die Aufgabe, jeden einzelnen Schüler bewusst zu begleiten und darauf zu achten, dass jeder auf seine Weise das Lesen erlernt.

Der Übergang zur Schreibschrift – die Buchstaben geben sich die Hand

Es ist sicherlich gut, dass die Kinder schon seit einiger Zeit mit den Holzbuntstiften gearbeitet haben. Dennoch bedarf es einiger Vorübungen, bevor man ihnen die «neuen» Buchstaben zeigt, haben sie doch bisher bei jedem Buchstaben den Stift neu angesetzt. Jetzt müssen sie aber lernen, mehrere miteinander zu verbinden. So übt man mit den Kindern, gleichsam wie eine Art Formenzeichnen, verschiedene Linienführungen, indem man zum Beispiel von einer einfachen langen Wellenlinie ausgeht, diese sich in allerlei andere Formen verwandeln lässt und dabei den Schwierigkeitsgrad langsam steigert.[33] Ist dadurch erst einmal eine gewisse Gewandtheit erreicht, wandelt man mit den Schülern schrittweise die mehr starren Druckbuchstaben in die bewegten Formen der Schreibschrift um und erinnert sie dabei vielleicht ein letztes Mal an die «damals» erlernten Bilder.

Die Buchstaben geben sich fortan die «Hand», und manche Klassenlehrer führen ihren Zweitklässlern das vor, indem sie ein paar Kinder vor die Klasse bitten und jedem leise einen Buchstaben ins Ohr flüstern, den die Kinder dann laut nennen. Die anderen Schüler «lesen» zunächst das Wort. Daraufhin lässt man sie miterleben, wie die Kinder vor der Klasse sich an den Händen anfassen und somit aus Druckschrift- zu Schreibschriftbuchstaben geworden sind. Reizvoll ist es, wenn nun dasselbe noch einmal an der Tafel vorgeführt wird, indem die einzelnen Druckbuchstaben des Wortes «kleine Arme» bekommen und den Nachbarn «anfassen».

Dem Klassenlehrer stellt sich auch wieder die Frage, ob er die Kinder auf Linien, zwischen mehreren Linien usw. oder frei auf einem weißen Blatt schreiben lässt. Auch hier gilt das, was bereits oben über die innere Überzeugung und Freiheit des einzelnen Lehrers gesagt wurde. – Haben die Kinder erst einmal eine gewisse Gewandtheit erreicht, können sie im Lesebuch abgedruckte Texte in Schreibschrift abschreiben, also umformen.

Gute Grundlagen schaffen im Rechnen

Galt das erste Schuljahr mehr dem grundsätzlichen und bildhaften Einführen der verschiedenen Rechenarten, so kommt es nun darauf an, das Begonnene zu vertiefen und weiterzuführen, den Zahlenraum schrittweise zu erweitern, Rechenfertigkeit zu erüben, weitere Einmaleinsreihen anzulegen, Zahlengesetze kennenzulernen usw.[34] Der Klassenlehrer muss sich darauf einstellen, dass fortan seine eigenen Rechenfähigkeiten mehr und mehr geprüft werden, da es in fast jeder Klasse ein oder mehrere Kinder gibt, die beim Kopfrechnen sehr flink sind und die Ergebnisse mitunter blitzschnell finden und sagen können. Um sich genügend Sicherheit anzueignen, wird der Lehrer zu Hause das üben, was ihm selbst nicht von vornherein geläufig ist und vor den Kindern eventuell nicht schnell gelingt. Dazu gehören meistens die höheren Einmaleinsreihen, die die Schüler vor-

und rückwärts schreiten, klatschen, sprechen und auch an den Fingern abzählen.

Die neuen Rechenschritte mit den jeweiligen Aufgaben für das Arbeiten im Heft denkt sich der Lehrer selbst aus, da die Waldorfschulen für die ersten Schuljahre bewusst keine schriftlichen Aufgabensammlungen haben, um das schöpferische Vorgehen des Lehrers nicht zu beeinträchtigen. Wichtig ist, dass im Rechenunterricht (wie beschrieben) weiterhin sehr viel auswendig gelernt und gesprochen wird: Das im ersten Schuljahr begonnene und nun zu erweiternde «Einsundeins» und all die Zahlenreihen, die zum Erlernen des Einmaleins führen, sollte schließlich jedes Kind können.

Das zweite Schuljahr ist ein bedeutendes Jahr für die Entwicklung von Rechenfähigkeiten. Noch stehen etliche Rechenepochen zur Verfügung, aber in den späteren Schuljahren werden andere Epochen hinzukommen und einen Teil der bisherigen Zeit beanspruchen. So ist es dem Klassenlehrer ein großes Anliegen, ökonomisch zu arbeiten und mit den Kindern viel zu üben. Dazu gehört auch, dass er die Aufgaben, die von den Kindern zu Hause oder in der Schule schriftlich gerechnet wurden, interessiert zur Kenntnis nimmt, sie in den Heften auf Fehler hin prüft und dabei auch auf schönes Schreiben und Anordnen achtet. So kann er sich ein Bild davon machen, wer es noch schwer hat, wer diese oder jene Aufgabenart noch nicht verstanden hat oder wer Hilfe benötigt. Kurzum: er wird sich für alles interessieren, was in den Kindern vorgeht, um aus solchen Erlebnissen heraus den Fortgang seines Unterrichtes zu gestalten. Die Hefte lassen sich am leichtesten an den Wochenenden einsammeln, da die Kinder sie während der Woche für die Hausaufgaben, die im Rechenunterricht zur täglichen Übung sicherlich unumgänglich sind, benötigen.

Am Ende dieses Schuljahres kann man als Klassenlehrer aber trotz aller Bemühungen erleben, dass die Fähigkeiten der einzelnen Schüler gerade in diesem Fach recht unterschiedlich gewachsen sind, und man wird vielleicht entdecken, dass Schüler in der Klasse sind, die künftig regelmäßig Hilfe brauchen, da sie auch weiterhin ihre Wege nur langsam und bedächtig gehen können. Aus allem Dargestellten mag deutlich werden, dass es in diesem Jahr sehr darauf ankommt, alles fleißig zu üben und gute Grundlagen zu schaffen, sodass bei Kindern und Eltern das Gefühl entstehen kann, dass viel gelernt wurde. Dann kann auf einem gut angelegten Fundament weitergebaut werden.

Der rhythmische Teil in den weiteren Schuljahren

So wie heute versucht wird, möglichst viele Bewegungselemente in den Hauptunterricht einzubringen,[35] war es mir immer ein Anliegen, im «rhythmischen Teil» (während der ersten halben Stunde, die im Laufe der Jahre schrittweise verkürzt wurde) mit den Kindern eine Reihe von Dingen zu üben, die mir notwendig erschienen und daher am Herzen lagen.

Wir begannen stets mit dem Morgenspruch. Im Anschluss daran bildeten mindestens eine oder zwei, mitunter auch drei der folgenden Übungen, die wir im Stehen ausführten, den Schwerpunkt des rhythmischen Teils:

- Sprechübungen mit anschließendem gemeinsamem Rezitieren
- Singen
- Musizieren mit unterschiedlichen Instrumenten (meist Blockflöten, früher auch mit Kantelen)

Im Anschluss an dieses gemeinsame Tun ließ ich aus methodischen Gründen immer ein oder mehrere Kinder vor die Klasse treten und diese Tätigkeiten allein wiederholen, sodass ein Teil der Kinder im Sitzen durch aufmerksames Zuhören, der andere Teil im Stehen durch Eigenaktivität das Erlernte vertiefen konnte.

Von Epoche zu Epoche gestaltete ich den rhythmischen Teil neu, indem ich einen oder zwei der oben genannten Schwerpunkte austauschte und dafür eine Reihe von sozialisierenden und individualisierenden Übungselementen einbaute, von denen hier die interessantesten aufgezählt seien (die tägliche Reihenfolge behielten wir dann während der folgenden Wochen bei, sodass sich die Kinder auf diesen Rhythmus einstellen konnten):

- Übungen, um das Gehör zu schulen und das Tongedächtnis zu stärken, rhythmisches Klatschen von Melodien, auch Rhythmus-Schreiten und manches, was dem Musiklehrer und seiner Arbeit mit den Kindern sehr zugute kommt; sie kommen besonders dann zum Tragen, wenn eine Zeit lang das Musikalische, das Singen oder Musizieren, im Vordergrund steht
- Übungen im Rhythmus-Klatschen: Dies sind Übungen, in denen zunächst der Lehrer, dann einzelne Schüler einen Rhythmus erfinden, ihn spontan mit den Händen vorklatschen und ihn von allen anderen nachklatschen lassen dürfen – ein sehr aufweckendes Tun!
- Konzentrationsübungen aller Art
- Zählübungen verschiedenster Art
- «Körpergeografie»-Übungen: Die Schüler sollen möglichst schnell mit dem Zeigefinger oder der Hand auf einen bestimmten Körperteil zeigen, den man ihnen nennt, also: «Rechte Hand ans linke Ohr!», «Linke Hand auf das rechte Knie!» usw.
- therapeutische Übungen für einzelne Schüler; solche Übungen werden von Klassenlehrer und Therapeut (etwa der Heileurythmistin) gemeinsam ausgewählt und besprochen
- Rückwärtsübungen: rückwärts schreiten, Sprechübungen rückwärts sprechen, den Text an der Tafel rückwärts lesen
- Schreiten von bestimmten Zahlenreihen mit einem Kupferstab (für Kinder mit Rechenschwächen / «Diskalkulie»)

- Bewegungsübungen verschiedenster Art
- Willensübungen
- Geschicklichkeitsübungen
- Fußschreiben für Kinder, denen das Denken schwerfällt
- Sprechübungssätze von Rudolf Steiner (für «Sorgenkinder»)

Falls es an einer Schule keine Lehrkraft für Sprachgestaltung gibt, kann der Klassenlehrer im rhythmischen Teil auch gezielt für lispelnde oder stotternde Kinder oder solche mit anderen Sprachstörungen regelmäßig Sprechübungen durchführen lassen. Alle Übungen, die für einzelne Kinder therapeutisch wichtig und notwendig sind, werden immer auch von anderen Kindern mitgemacht, sodass sich niemand bloßgestellt fühlt.

Ich habe als Klassenlehrer mit meiner Klasse fast in jedem Schuljahr ein Klassenspiel einstudiert und auf die Bühne gebracht. In den ersten fünf Schuljahren geschah das auf folgende Weise: Nachdem ich mir selbst die Texte mit den dazugehörenden Gebärden erarbeitet hatte, konnten im rhythmischen Teil die Kinder alle Texte durch Vor- und Nachsprechen erlernen und sich zugleich in die Gebärden einleben. So lernte jeder jede Rolle sprechen und spielen, bevor die Rollen endgültig verteilt wurden. Erst dann gingen wir auf die Bühne.

Zum Abschluss des rhythmischen Teils ließ ich vom zweiten bis zum achten Schuljahr die Kinder ihren Zeugnisspruch vor der Klasse sprechen – jeden Schüler an dem Wochentag, an dem er geboren wurde. Während die entsprechenden Kinder gemeinsam nach vorn gingen, begab ich mich nach hinten, von wo aus ich alles gut überblicken konnte, als Zuhörer die gleiche Blickrichtung wie die übrigen Schüler einnahm und für den dann folgenden Wiederholungsteil bereits günstig stand.

Waren die Sprüche vorgetragen, die Schüler wieder auf dem Platz, blieb ich hinten, schickte gern von dort aus in bestimmten Epochen, zum Beispiel in Mathematik oder Geometrie, ein Kind (manchmal auch mehrere Kinder) nach vorn, das an der Tafel das gestrige Thema dann noch einmal mit eigenen Worten erläuterte.

Alles, was ich hier berichte, war mein Weg, diesen ersten Teil des Unterrichts zu gestalten und mit den Sprüchen der Kinder zu beenden. Wenn ich bei Kollegen oder Studenten im Hauptunterricht hospitieren durfte, war ich stets verwundert und freudig überrascht, wie unterschiedlich man das Aufsagen des Zeugnisspruchs handhaben kann. Das hier Dargestellte ist also nur eine von vielen Möglichkeiten.

6. Innere Anforderungen an den Klassenlehrer. Die Zusammenarbeit im Kollegium

Was bedeutet es, eine «Autorität» zu sein?

Der Begriff der Autorität hat in der Diskussion über die Waldorfschule immer wieder zu großen Mißverständnissen und heftigen Angriffen geführt, vor allem, weil man meint, es gehe darum, dass der Lehrer «autoritär» ist. Die Kinder suchen jedoch in der Altersstufe, von der hier gesprochen wird, ein inneres Leitbild, eine menschliche, verantwortungsbewusste Führung von einem Menschen, der ihnen durch sein gesamtes Verhalten Vorbild sein möchte und dem sie gern von sich aus nachstreben, wenn sie ihn als dazu «würdig» empfinden. Sie machen ihn durch ihre Akzeptanz, ihr wachsendes Vertrauen, ihr Nachstreben zur «selbstverständlichen» oder auch «geliebten Autorität». Es war eine von Steiners Entdeckungen, dass ein gesundes Kind ein starkes, elementares Sehnen nach einer solchen Führung hat.

Autorität meint hier ein Verhältnis, das von demjenigen freiwillig anerkannt wird, der sie empfindet, und kann also von dem Führenden nicht erzwungen werden. Ein Kind wird zunächst jedem Lehrer gegenüber fast instinktiv ein solches Verhältnis eingehen, und das äußert sich in den ersten Schuljahren mehr als ein fragloses Sich-Anlehnen, wird aber später, nach dem neunten Lebensjahr, stärker von einer inneren Zuneigung getragen. Wie sich gegen Ende der acht gemeinsamen Schuljahre der Klassenlehrer als bisherige «Autorität» von seinen Schülern löst, letztere es auch sehr deutlich zeigen, dass die Zeit dazu gekommen ist, wird an entsprechender Stelle genauer dargestellt werden.[36]

Wird Autorität als Macht verstanden, muss man klar erwidern, dass sie nicht in die Pädagogik gehört. Steiner umschreibt das gemeinte Verhältnis so: Das Kind hat das Erlebnis, dass es sich lohnt, zum Erwachsenen aufzuschauen. Der Erwachsene wird sich in dem Maße dieses Aufschauens würdig zeigen, wie er selbst in einer ständigen Schulung begriffen ist. Unaufhaltsames Suchen und Lernenwollen des Erwachsenen gehören selber zu den wirksamsten Erziehungsmitteln. Sie werden dem Wunsch des Kindes, seine Lehrer zu lieben, am meisten gerecht, denn es spürt und erahnt das Wesen seines erwachsenen Mitmenschen mit oft verblüffender Sicherheit.

Mit anderen Worten: Durch die Arbeit an sich selbst, durch eine stete Selbsterziehung kann man erst den Kindern das werden, was sie suchen und brauchen – eine von ihnen geschätzte, konsequent handelnde Persönlichkeit, die stets weiterlernt und nicht glaubt, am Endpunkt der Entwicklung angekommen zu sein, daher auch nicht «vom hohen Ross herunter» die Kinder oder gar deren Eltern behandelt.

Lernen, vom Leben zu lernen

Wird man gefragt, welches ganz besondere Ziel in der Waldorfpädagogik eigentlich angestrebt werde, kann man zur Überraschung des Fragenden antworten: das Lernen zu erlernen. Oder auch: lernen, vom Leben zu lernen. Das trifft für die Schüler, aber ebenso für den Lehrer zu. Man strebt nicht etwa Stillstand und Fertigsein an, es geht nicht darum, dass man beim Ideal angekommen ist und sich darauf ausruht, sondern gerade um das Gegenteil: stetes Lernen sowie Streben nach Idealen, die so groß sind, dass sie einem immer als Leitlinie dienen können, ganz gleich, wie weit man schon gekommen sein mag.

Der Klassenlehrer sieht sich vor die Notwendigkeit gestellt, den Kindern und deren Eltern in gewisser Weise vorzuleben, dass er nur ein stets Lernender zu sein vermag, hat er doch sehr viele Fächer zu unterrichten, die er gar nicht alle studiert haben kann. Er muss demnach ständig seine Kenntnisse erweitern. Aber er hat die Möglichkeit, seinen Schülern all seine Interessen unmittelbar vorzuleben. Das ist ein wesentlicher Aspekt, denn Eltern wie Lehrer hoffen ja, dass die Schüler in der Schule wirklich vielseitige Interessen entwickeln werden. Später, in der Oberstufe, ist es der Fachmann, der diese Fächer weiterführt, aber bis dahin soll der Klassenlehrer mit all seinen Bemühungen wirksam werden und den Kindern ein Bild von den Zusammenhängen der Welt vermitteln, wie es in seiner Seele durch die ständige Weiterbildung lebt.

Die Kinder spüren seinen Einsatz, seine Arbeit an sich selbst und können dadurch Lernende werden. Dieser Gesichtspunkt wirft ein Licht auf folgenden Tatbestand: Manche Eltern wünschen sich, wie bereits angesprochen, bei der Aufnahme ihres Kindes in eine Waldorfschule möglichst einen erfahrenen Klassenlehrer, vielleicht in der Hoffnung, dass der mit allem, auch mit dem eigenen Kind, fertig wird. Die neue, noch unerfahrene Lehrkraft wird hingegen viel zu lernen haben, und das ist, wenn man dem erwähnten Gedanken vertraut, das eigentlich Wirksame für die Schüler. Damit ist zugleich gesagt, dass ein Klassenlehrer, der schon einmal eine Klasse acht Jahre geführt hat, ebenfalls viel lernen und an sich arbeiten muss, um pädagogisch wirksam zu bleiben. Eine solche Erfahrung konnte ich machen, als ich ein viertes Mal eine Klasse übernahm. Sehr bald ergab sich, dass alles von mir bisher Erübte diese Kinder innerlich nicht so recht erreichte, nicht die gewohnte Wirkung erzielte. Die Folge war, dass ich mich acht Jahre hindurch intensiver als je zuvor auf jeglichen Unterricht vorbereitete, weil ich erlebte, dass diese Schüler es mir abverlangten.

Ein Lernender bleiben

Ein weiteres Beispiel möge verdeutlichen, wie sich die innere, vorbereitende Arbeit eines Lehrers auswirken kann; in diesem Falle spiegelte sie sich in den Fähigkeiten der ehemaligen Klasse während der Oberstufenzeit:

Nachdem ich zum ersten Mal eine Klasse acht Jahre hindurch geführt hatte und sie bereits einige Monate von den Oberstufenlehrern geführt worden war, luden mich die Mathematik- und die Geschichtslehrerin zu sich ein, um mir etwas über ihre ersten Erfahrungen mit meinen ehemaligen Schülern zu sagen. Sie gingen sehr diplomatisch vor, indem sie mir zunächst eine gute Nachricht übermittelten: Die langjährig erfahrene Geschichtslehrerin teilte mir freudig mit, dass sie noch nie eine Klasse unterrichtet habe, die der Geschichte so starkes Interesse entgegenbrachte, und das komme sicherlich daher, dass ich, der ich in der Schule kein rechtes Verhältnis zu diesem Fach hatte, während meines Lehrerdaseins von der 1. Klasse an mit Begeisterung in allen Ferien vor allem Geschichtsbücher gelesen hätte.

Daraufhin sagte mir die Mathematiklehrerin, dass sie leider das Gegenteil von ihrer Arbeit mit diesen Schülern berichten müsse, dass mir die Mathematik wohl immer zu leicht gefallen sei und ich mich nicht recht in diejenigen hineinfühlen konnte, denen das Rechnen schwerfiel. Tatsächlich gehörte der Mathematikunterricht während meiner Schulzeit zu den Lieblingsfächern und hatte mir keine besonderen Anstrengungen abverlangt. Für meine pädagogische Arbeit mit den Kindern war das wenig fruchtbar, und es war daher notwendig, dass ich auf diesem Gebiet ein Lernender wurde.

Die ebenfalls sehr erfahrene Kollegin gab mir daher den wertvollen Rat, ich solle mir für die Schüler meiner neuen Klasse in den Rechenepochen Tag für Tag immer wieder ganz kleine Rechenschritte überlegen und den Unterricht dementsprechend methodisch durchgestalten. Nachdem ich das dann acht Jahre hindurch praktiziert hatte, gab sie mir während des neunten Schuljahres zu verstehen, dass sich das damalige Gespräch gelohnt habe und sie an den Fähigkeiten der Schüler das Umlernen des Klassenlehrers wiedererkenne.

Rudolf Steiner machte die ersten Waldorflehrer wiederholt darauf aufmerksam, wie stark es auf die «Imponderabilien» ankomme, auf die unsichtbaren Fäden, die von der Seele der Schüler zu der des Lehrers geheimnisvoll gezogen würden. Was hier beschrieben wurde, möge als ein Beispiel für diesen Tatbestand dienen. Zugleich wird damit von einer weiteren Seite beleuchtet, wie sinnvoll es ist, dass der Klassenlehrer in all seinen Fächern stets ein Lernender bleibt. Während meines zweiten Klassenlehrerdurchgangs waren die Schüler nicht in derselben Weise für Geschichte motiviert, sondern zeigten unter anderem großes Interesse an der Mineralogie, für die in jenen Jahren auch ich mich besonders erwärmt und innerlich aufgeschlossen hatte.

Vertiefung in die anthroposophische Menschenkunde

Zusätzlich zu aller inhaltlichen und methodischen Vorbereitung auf den Unterricht – darauf wird in Kapitel 11 noch näher eingegangen – bemüht sich der Waldorflehrer darum, sich in die anthroposophische Menschenkunde einzuarbeiten.[37] Sie ist eine innere Vertiefung dessen, was er im Unterricht vorhat, und erschließt ihm ein Verständnis für die Entwicklungsbedingungen und -gesetzmäßigkeiten der Kinder und Jugendlichen. Durch sie können sich auch geistige Quellen eröffnen, die ihn schöpferisch machen.

Die Auseinandersetzung mit der anthroposophischen Menschenkunde bedeutet, sich in die eigentliche Wesenheit des werdenden Menschen zu vertiefen, das Kind als ein geistig-seelisches Wesen verstehen zu lernen, das vertrauensvoll seinen Erdenweg mit all seinen Schicksalszusammenhängen angetreten ist und in der Schule solchen Menschen begegnen will, die ihm Wege zur Selbstverwirklichung weisen. *Da ist jemand in dir, den ich kenne* betitelt Hartwig Schiller sein jüngst erschienenes Buch,[38] das, auf den Forschungen

Rudolf Steiners basierend, Fragen behandelt, die sich ganz besonders der Klassenlehrer stellt, wenn er seine Beziehung zu den Schülern und ihren Eltern noch in einer weiteren Dimension verstehen möchte – Fragen nach einer tieferen, schicksalshaften Verbindung, die auch die Gedanken von Reinkarnation und Karma einbeziehen. Der stete Umgang mit dieser Thematik kann mit der Zeit seine ganze Grundeinstellung diesen Menschen gegenüber verändern.

Somit bedarf es seitens des Erziehers der dauernden Selbsterziehung; durch diese innere Aktivität gelangt das Kind dazu, sich am Vorbild selbst zu erziehen. Der Lehrer bereitet durch all sein Tun gleichsam den Boden, auf dem die Persönlichkeit des Kindes aus eigenen Kräften zur individuellen Gestaltung gelangen kann.

In Kurzform könnte man also sagen: Erziehen bedeutet, sich selbst zu erziehen.

Auf die Gesinnung kommt es an

Es ist ein interessantes Phänomen, dass man als Klassenlehrer, selbst nach vielen Jahren und trotz bester Vorbereitung, morgens meistens mit etwas Lampenfieber die Klasse betritt und es erst verliert, wenn man die Kinder begrüßt oder zu unterrichten anfängt – so wie es die Schauspieler von sich kennen. Es sei kein schlechtes Zeichen, wie Rudolf Steiner damals meinte.

Stellt man die Frage, worauf es bei einem Waldorfpädagogen, insbesondere auch beim Klassenlehrer, ganz wesentlich ankommt, so müsste man sagen: auf die Gesinnung, aus der heraus er vor die Kinder tritt und sie unterrichtet. Sie bildet sich durch die stete Beschäftigung mit der anthroposopischen Menschenkunde langsam heran, verwandelt ihn und wirkt mehr und mehr durch alle Tätigkeit hindurch in die Umwelt.

Dass es im pädagogischen Wirken eigentlich keinen Sinn hat, auf sichtbaren Erfolg zu hoffen, kann einem an folgender Äußerung Steiners besonders deutlich werden: Er brachte zum Ausdruck, dass am Ende einer Epoche die Kinder bei ihrem Klassenlehrer dann besonders viel gelernt hätten und sehr gut vorangekommen seien, wenn dieser das Gefühl bekomme, jetzt erst zu wissen, wie er alles besser machen könne, wenn sich noch einmal die Gelegenheit dazu ergäbe. Habe er aber das Gefühl, die Epoche sei ihm so vortrefflich gelungen, dass er sich danach «die Finger abschlecken» möchte, so sei sie sicherlich nicht so wirksam für die Kinder gewesen. Der Klassenlehrer müsse das Gefühl haben, selbst am meisten gelernt zu haben, und es sei sogar gut, dass er vorher nicht alles wusste. Welch ein Paradoxon! Bescheidenheit, Selbstlosigkeit und ständiges Lernen-Wollen treten an die Stelle von Erfolgssucht, die im Pädagogischen nichts zu suchen haben sollte.[39] Wenn man dann nach acht Jahren zurückblicke, so meint Steiner anschließend, fühle man das Bedürfnis, beim nächsten Durchgang alles besser zu machen, könne am Ende der weiteren acht Jahre aber bemerken, dass sich das gleiche Gefühl wieder einstelle. Ich musste die Erfahrung machen, dass es selbst nach dem vierten Mal nicht anders ist.

Der Klassenlehrer muss demnach zum Glück kein «Übermensch» sein! Sein Beruf gibt ihm die Möglichkeit, sich für die ganze Welt zu interessieren und diese auf künstlerische Weise, gleichsam als «Erziehungskünstler» (so auch seine Kollegen), den Kindern zu vermitteln. Dabei sollte er stets im Bewusstsein haben, dass sie in ihm zugleich ein Vorbild sehen und ihn aus dem Bedürfnis nach Führung zur «berechtigten Autorität» machen möchten. Das erweckt in ihm das Gefühl für eine hohe Verantwortung gegenüber der Entwicklung seiner Schüler.

Das Ideal, dem der Waldorflehrer zustrebt, ist im Grunde so groß, dass er sich immer nur auf dem Weg dorthin befinden kann. Man wird deshalb mitunter gefragt, ob die Kinder denn nicht Schaden nähmen, wenn etwas nur unvollkommen gelinge. Ich konnte diesbezüglich eine interessante Beobachtung machen: Jeder Klassenlehrer hat seine besonderen Fähigkeiten, vielleicht sogar Spezialitäten, von denen seine Schüler außerordentlich profitieren. Hier und da kommt gelegentlich etwas zu kurz, und am Ende der 8. Klasse bemerkt er beispielsweise, dass er nicht alle Epochenthemen geschafft hat oder dass er seine Kinder in Mathematik nicht genügend weit bringen konnte. Ich habe in vielen dieser Fälle während all der Jahre erlebt, dass solche «Mängel» während der Oberstufenzeit erfreulicherweise recht gut ausgeglichen werden konnten. Ja, ich kenne Oberstufenkollegen, die sich sogar darauf freuen, dieses und jenes aufarbeiten zu dürfen.

Ähnlich verhält es sich mit eventuellen Einseitigkeiten des Klassenlehrers: Die weiteren Lehrer, die in der Klasse arbeiten, spüren im Allgemeinen recht gut, wie sie als Klassenkollegium ausgleichend wirken können, auch ohne es untereinander abzusprechen.

Wie in der Natur jeder lebende Organismus die Fähigkeit hat, alle einzelnen Glieder dem Ganzen harmonisch einzugliedern und bei einfachen Schädigungen auszugleichen, kann auch in der Schule, die ja einen lebendigen Organismus darstellt, Ähnliches geschehen. Sollten diesbezüglich aber gravierende Probleme auftreten, die den Kindern zum wirklichen Schaden gereichen, wird sich die Schulleitungskonferenz damit zu befassen haben.

Es sollte nicht unerwähnt bleiben, dass bereits heute und in Zukunft immer stärker in den Unterricht ein Element des Heilens einfließen muss. Kommen doch in zunehmendem Maße Kinder in die 1. Klassen, die gewisse Verhaltensauffälligkeiten zeigen, wie man sie verstärkt im Bereich der «Schulen für seelenpflegebedürftige Kinder» kennt und betreut. In der Lehrerausbildung finden derzeit Gespräche statt, wie man die Klassenlehrer künftig mit dieser Aufgabe vertraut machen kann. Lernt man diese Kinder in ihren Schwierigkeiten verstehen, sie achten und aus der nötigen Kenntnis heraus betreuen, so wird man ihnen mit einer inneren Stimmung gegenübertreten, die zugleich etwas Heilendes ausstrahlen kann.

Die Gesinnung, die dem Klassenlehrer aus allem, was er sich an Menschen- und Welterkenntnis durch die Vertiefung in die Anthroposophie erarbeitet, langsam erwächst, spüren die Kinder; sie trägt wesentlich dazu bei, dass sie ihren Lehrer als «ihre Autorität» achten und anerkennen. Dadurch wird es ihm ganz anders möglich, seine Aufgaben zu bewältigen.

Ein umfassendes Bild von den Kindern gewinnen

Zu den Aufgaben eines Klassenlehrers gehört auch, dass er sich für die Arbeit der Kinder im sogenannten «Fachunterricht» interessiert. Die Schüler, besonders die kleinen, freuen sich immer, wenn man unerwartet im Handarbeitsunterricht erscheint und ihre «Werke» liebevoll anschaut, bestaunt und jedem gegenüber ein freundliches Wort über seinen Fleiß oder seine Bemühungen äußert. Die Kinder zeigen im Allgemeinen gern, was sie schon geschafft haben, aber auch in späteren Jahren ist es für den Klassenlehrer sehr hilfreich, für eine Reihe von Schülern mitunter anspornend, wenn er einmal den Fachunterricht besucht und sein ehrliches Interesse bekundet.

Hospitiert man im Musikunterricht, so kann man die Kinder beim Singen und Musizieren ganz anders erleben, als wenn man selbst morgens mit ihnen musikalisch arbeitet, da man hier ganz Auge und Ohr sein und sich auf das Tun jedes Einzelnen unmittelbar konzentrieren kann, zumal beim Instrumentalunterricht meistens nur die halbe Klasse anwesend ist. Man kann gute Anregungen für den Hauptunterricht mitnehmen, denn das hier erarbeitete Liedgut wird morgens aufgegriffen und gepflegt. Auch die vom Musiklehrer angelegten Flöten- oder Kinderharfenmusiken kann man morgens weiter üben.

Eine solche Zusammenarbeit mit den Fachlehrern ist von eminenter Bedeutung, wollte doch Rudolf Steiner, wenn er vom «republikanischen Charakter» der Waldorfschule sprach, dass die Kollegen untereinander absprechen, welche Themen sie gerade in den verschiedenen Klassen unterrichten. Die Schüler erleben dann, wie der eine Lehrer vom anderen weiß, indem er das Thema von einer anderen Seite her aufgreift, und dass nichts isoliert geschieht. Am Beispiel des Handarbeits- und Musikunterrichts sollte gezeigt werden, welche Bedeutung den Hospitationen des Klassenlehrers zukommt. Ein Gleiches ließe sich in all den anderen Bereichen des Fachunterrichts verdeutlichen.

Für den Klassenlehrer ist dies eine zeitaufwändige, aber sehr bedeutsame Aufgabe, und er wird erleben, dass er durch solche Hospitationen und durch all das aufgebrachte Interesse zu seinen Schülern ein noch viel innigeres Verhältnis findet. Wie bereits dargestellt, werden hier geheime Fäden von Seele zu Seele gesponnen, die von außerordentlicher Bedeutung für das Miteinander von Klassenlehrer und Schüler sind.

Umgekehrt kann es auch für den Fachlehrer von Gewinn sein, wenn er morgens in den Hauptunterricht geht und die Schüler mit ihrem Klassenlehrer erlebt, kann er sich doch dann auf die Besonderheiten dieser Klasse ganz anders einstellen.

Da sich der Klassenlehrer ein umfassendes, lebendiges Bild von den Kindern machen möchte, ist es darüber hinaus gut, wenn er sie nicht nur im Unterricht erlebt, wo sie überwiegend sitzen und meist ganz bestimmte Banknachbarn haben. Es ist in jedem Fall aufschlussreich, zu beobachten, wie sie sich draußen verhalten und bewegen.

Besonders überrascht wird er sein, wenn er die bisher so ruhigen Schüler in der Pause herumtoben sieht – welch andere Seite ihres Wesens offenbart sich ihm, wenn er sie alle auf dem Schulhof in Bewegung sieht! Einige Kinder wollen immer rennen, andere stehen gern am Rand, um zuzuschauen, ein paar wissen sofort, was man spielen kann, und es gibt solche, die nichts mit sich und den Mitschülern anzufangen wissen und froh sind, wenn sie von ihrem Lehrer zu einem sinnvollen Tun angeregt werden. Einzelne geraten schnell in Streit, ärgern und stören die anderen – nicht selten aus Langeweile. Man lernt dabei, Streit zu schlichten, betroffene Kinder zu trösten, «Kampfhähne» auseinanderzubringen.

Ohne diese Beobachtungen bleibt das Bild von den einzelnen Kindern unvollständig, und man möchte jedem Klassenlehrer wünschen, dass er während der ersten Schuljahre seine Klasse oft auf den Schulhof begleiten kann. Dort kann man vieles bewirken, was zur Bildung einer Klassengemeinschaft beiträgt.

Die Klassenkonferenz – ein gemeinsames Bild entsteht

Um mit all den Kollegen, die in der eigenen Klasse arbeiten, in vieler Hinsicht intensiv im Gespräch sein zu können, beruft man als Klassenlehrer möglichst in regelmäßigen Abständen eine sogenannte

Klassenkonferenz ein. Dazu werden auch Kollegen eingeladen, die an der Schule therapeutisch tätig sind.

Im Allgemeinen berichten alle Anwesenden zunächst von ihren Erfahrungen, die sie mit der Klasse als Ganzes gemacht haben, versuchen dann im Gespräch, gemeinsam das Wesentliche dieser Klasse in einem Bild zusammenzufassen, und haben die Möglichkeit, ihre Sorgen und Schwierigkeiten ebenso zu äußern wie das, was sie als ganz Besonderes erlebt haben.

Der Blick richtet sich danach meistens auf einzelne Kinder, die in irgendeiner Weise Hilfe nötig haben. Eine derartige Kinderbesprechung ist stets von einer positiven Grundeinstellung gegenüber dem Kind, dem Bemühen um ein vorurteilsfreies Vorgehen und der Ehrfurcht vor dem Schicksal des Kindes geprägt. Auch hierbei ist man bemüht, so viel von dem Wesen eines Kindes und seinen Entwicklungsmöglichkeiten zu erfassen, dass ein gemeinsames Bild entsteht und sich aus solchem ganzheitlichen Erfassen ergibt, wie man das Kind künftig betreuen möchte. Die Therapeuten, sofern eine Schule sie hat, können bei solchen Besprechungen sehr hilfreich sein und anschließend mit Rat und Tat dem Klassenlehrer zur Seite stehen, sodass er in ihnen ständige Ansprechpartner hat.

Durch eine solche Klassenkonferenz ergibt sich für den Klassenlehrer ein stärkerer Kontakt zu seinen Fachkollegen, auch lässt sich so das gegenseitige Vertrauen vertiefen. Sie kann zugleich der Ort sein, an dem man Kritik erfährt, Anregungen für seine Arbeit bekommt, Absprachen trifft usw. Die Fachkollegen wiederum benötigen diese Konferenz, um sich durch all diese Gespräche von immer neuen Seiten mit den Kindern verbinden zu können. Von den positiven Gedanken aller Beteiligten gehen gute Wirkungen auf sie aus.

Konferenzarbeit in der Waldorfschule

Wöchentlich finden in jeder Waldorfschule – meistens donnerstags – Konferenzen statt, die für die Arbeit dessen, der eine Klasse acht Jahre hindurch zu führen hat, von ganz besonderer Bedeutung sind. Hier begegnet er nicht nur seinen Klassenkollegen, sondern hat auch die Möglichkeit, sich mit anderen Klassenlehrern auszutauschen, sie um Rat zu fragen oder – es ist ja meistens ein Geben und Nehmen – deren Anliegen anzuhören. In einem Teil der Konferenz, dem sogenannten pädagogischen Teil, werden Themen bearbeitet, die man als Lehrerfortbildung auffassen kann.

Alles Organisatorische des gesamten Schulorganismus wird dann in einem weiteren Teil bearbeitet, sodass hier jeder beispielsweise vom Ablauf vergangener und künftiger Veranstaltungen erfährt, auch seine Meinung dazu äußern kann, zu anderer Zeit aber Fragen in den Raum stellt, Sorgen oder Bedenken äußert und sich auf die der anderen einlässt. Die Konferenzen sind ein ideales Übungsfeld für soziale Fähigkeiten. Vieles von dem, was man im Grunde auch von seinen Schülern erwartet, kann man hier selbst üben, zum Beispiel gegenseitiges Zuhören, die Meinung des anderen gelten lassen, ihm nicht ins Wort fallen, den eigenen Beitrag raffen lernen, nicht meinen, alles besser zu wissen und das bei jeder Gelegenheit zeigen zu wollen, indem man sich zu oft meldet und die anderen damit ausschaltet.

Eine kollegiale Schulleitung erfordert, dass Beschlüsse von der Gemeinschaft gefasst und getragen werden müssen. In einem weiteren Teil der Konferenz, der «Schulleitungskonferenz» (vielfach auch «Interne Konferenz» genannt), sitzen nun all die Lehrer beisammen, die sich nach ihrer Probezeit bereit erklärt haben, die Verantwortung für das Gedeihen dieser Schule mit zu übernehmen.[40]

Rudolf Steiners Anregung, die Schule kollegial zu führen und jeden Lehrer an den Verwaltungsaufgaben teilhaben zu lassen, stellt ein hohes Ideal dar und fordert viel von jedem Einzelnen. Die Kollegien der Waldorfschulen geben sich größte Mühe, es nach besten Kräften zu verwirklichen, und ringen um dieses zukunftsträchtige Miteinander, müssen aber auch die Erfahrung machen, dass es nicht immer einfach ist.

Für den Klassenlehrer ist jegliche Konferenzarbeit bedeutungsvoll, weil er auf diese Weise tief in den Schulorganismus eindringt, miterlebt, was in den anderen Klassen und in der Oberstufe geschieht, seine Kollegen intensiver kennenlernt und mit ihnen zusammen Schwierigkeiten durchsteht. Vor seinen Schülern kann er dann als jemand stehen, durch den sie die ganze Schule – in allen Feinheiten – anwesend fühlen. Wichtig für seine Stellung im Kollegium ist auch, dass die Kollegen während der Konferenzen immer wieder erleben und wahrnehmen, wie er die Schule innerlich mitträgt.

7. Das dritte Schuljahr

Die Kinder kommen an den «Rubikon»

Während des dritten Schuljahres wird nicht nur der Klassenlehrer erleben, dass sich die Kinder in ihrem Verhalten mehr oder weniger auffallend verändern. Nach einer Äußerung Rudolf Steiners nennt man diesen Schritt, der sich im Allgemeinen ereignet, wenn die Kinder etwas älter als neun Jahre alt geworden sind, «das Überschreiten des Rubikons» – in Anlehnung an Cäsars große Entscheidung an dem norditalienischen Flüsschen Rubikon, als ihm klar wurde, dass er mit seinem Heer nach Rom ziehen musste und, wie er sagte, die Würfel gefallen waren. Im übertragenen Sinne vollzieht das Kind mit etwa neun Jahren in seiner biografischen Entwicklung einen ähnlichen Schritt. Ein unumkehrbarer Prozess setzt ein, der zu einem völlig neuen seelischen Verhältnis des Kindes zur Welt führt.

In seinem Buch *Das neunte Lebensjahr* beschreibt Hermann Koepke sehr anschaulich, was während dieser Zeit in den Kindern vorgeht.[41] Es ist ein Augenblick, in dem die Kinder in gewissem Sinne innerlich das «Paradies» verlassen. Sie müssen sich auf der «Erde» völlig neu orientieren. Vielfach beginnen sie jetzt, ihren Klassenlehrer mit «Sie» anzusprechen, ihn in seinen geistigen Tiefen unbewusst auszuloten und zu überprüfen. Plötzlich fangen sie an, sich beispielsweise für all seine privaten Dinge zu interessieren. Ein neues Ich-Du-Verhältnis tritt ein, mit dem die Kinder unterschiedlich gut fertig werden.

Ich konnte beispielsweise erleben, dass überraschend nachmittags zwei Mädchen auf den Gedanken kamen, einmal zu ihrem Klassenlehrer zu gehen, ohne zu wissen, was sie dort eigentlich wollten. Die eine war sehr redegewandt und einfallsreich, die andere eher zurückhaltend. Sie klingelten, und als ich kam, grüßten sie freundlich und fröhlich, blieben aber danach auffallend stumm, bis ich auf den rettenden Gedanken kam, sie zu fragen: «Wolltet ihr einfach einmal gucken, wo ich wohne?» Beide brachten spontan ein herzerfrischendes, kräftiges «Ja» hervor und schienen wie erlöst zu sein. Meine weiteren Fragen, ob sie vielleicht hereinkommen oder sonst noch etwas wollten, wurden alle verneint. Ein unbestimmter Drang war es, der sie auf diese Entdeckungsreise gehen ließ.

Manche Kinder begegnen einem plötzlich kritischer, zurückhaltender, vorsichtiger und suchen unter Umständen nicht mehr solch innigen Kontakt wie früher, was einen nicht verunsichern sollte. An einem Elternabend im Verlauf dieses Schuljahres wird es sicherlich richtig sein, wenn der Lehrer zunächst wesentliche Aspekte dieses Entwicklungsschritts darstellt und danach zu diesem Thema gegenseitig Erfahrungen ausgetauscht und Anregungen gegeben werden, wie man den Kindern das nötige Verständnis entgegenbringen kann.

So mancher Lehrer, der bisher auf dem Schulhof eine Traube von Kindern seiner Klasse um sich hatte, muss damit rechnen, dass das bald vorbei sein wird. Man sollte es auch nicht künstlich festhalten wollen, wenn es nicht mehr dem Alter des Kindes entspricht. Verzicht kann in der Pädagogik oftmals Gewinn bedeuten. Diesen Rubikon überschreiten die einzelnen Kinder ganz individuell, früher oder später. Dennoch wird man die Entwicklung im Verlauf dieses Jahres zusehends deutlicher zu spüren bekommen. Ein Stück Kindheit geht mit diesem Schritt zu Ende, wird verlassen. Der Lehrplan der Waldorfschule versucht ganz darauf einzugehen und die nötigen Hilfestellungen oder Anregungen zu geben.

Erzählstoff: Aus dem Alten Testament

Im Lehrplan der Waldorfschulen sind für das dritte Schuljahr Erzählungen aus dem Alten Testament vorgesehen. Wie kann ein solches Thema mit dem angedeuteten Entwicklungsschritt in Verbindung gebracht werden?

Am Ende des Hauptunterrichts werden den Schülern diese so bildhaften Geschichten aus dem Alten Testament erzählt, und am Anfang des Schuljahres steht die nicht gerade einfach darzustellende Schöpfungsgeschichte, die Genesis, also das erste Kapitel aus dem «Ersten Buch Moses». Viele Klassenlehrer widmen diesen Darstellungen eine ganze Epoche, geht es doch um die Erschaffung der Welt in großen imaginativen Bildern, zu denen man auch als naturwissenschaftlich geschulter Mensch durch Rudolf Steiners geisteswissenschaftliche Ausführungen mehr und mehr ein Verhältnis gewinnen kann.[42] Schildert man dann das Leben des Menschen im Paradies und schließlich seine Vertreibung, so spiegelt sich den Kindern in diesen Bildern ihre innere Situation wider. Der Mensch musste damals lernen, seine Behausung selbst zu bauen, das Feld zu bestellen, die Frucht zu ernten, das Brot zu backen, einem der verschiedenen Handwerke nachzugehen.

In großen Linien beschreibt uns das Alte Testament die Entwicklung der Menschheit, insbesondere die des «auserwählten Volkes» im Verhältnis zur Gottheit.[43] Die wohl wichtigste innere Frage der Kinder an ihren Klassenlehrer ist dabei die nach seiner Einstellung gegenüber allem Göttlichen. Die Kinder spüren durch die Worte des Erzählers hindurch, ob er ihnen Tatsachen, also Wahrheiten, darstellt, an die er selbst glauben kann, und so entsteht für ihn eine Gewissensfrage. Eine große Hilfe bietet ihm hierbei die Beschäftigung mit der Geisteswissenschaft Rudolf Steiners. Durch sie ist es, wie bereits angedeutet, möglich, sich einen geistigen Hintergrund zu all diesen Themen und Fragen in der Form zu erarbeiten, dass man vor den Kindern damit bestehen kann und sie das ehrliche Ringen ihres Lehrers um solch große und wichtige Dinge unbewusst hindurchfühlen. Davon fällt aber im Unterricht kein Wort. Die Anthroposophie dient der Erkenntnisarbeit des Lehrers, ist aber nicht Unterrichtsinhalt, wie es gern von Gegnern der Waldorfschule behauptet wird.

Epochen des dritten Schuljahres

In diesem Schuljahr setzt die Sachkunde, vor allem die Beschäftigung mit den verschiedenen Handwerksberufen, ein. Warum? Aus dem oben Geschilderten lässt sich heraushören, welche Bedeutung es für die Kinder dieses Alters haben mag, selbst das nachvollziehen zu dürfen, was die Menschheit in langen Zeiträumen durchlebt hat. Der Lehrplan der Waldorfschule bietet eine großartige Gelegenheit dazu, in einzelnen Epochen auf diese Thematik einzugehen.

Da freuen sich nicht nur die Schüler auf eine Epoche «Hausbau» und «Feldbau», sondern auch der Klassenlehrer hat eine Arbeit mit seinen Kindern vor sich, die für ihn nach all dem vielen Üben während des zweiten Schuljahres außerordentlich anregend, erfrischend und interessant sein wird. Geht es doch in diesen Epochen darum, dass alle mit den Händen das tun dürfen, was im Hauptunterricht zunächst auf bildhafte Weise dargestellt wird. Mit welcher Epoche man beginnt, ist dem Klassenlehrer ganz überlassen, aber er wird gut vorplanen, alles Praktische früh bedenken und vorbereiten, auch Kollegen nach den gewohnten Gebräuchen der Schule befragen.

Die Feldbauepoche: «Vom Korn zum Brot»

Bezüglich der Feldbauepoche wird manchmal kritisch gefragt, ob mit den Kindern nicht zu viel Nostalgie betrieben werde. Ob es aber nicht vielmehr ein geradezu kindgemäßer Weg zum Verständnis eines so wichtigen Themas sein kann, wird sich zeigen.

Für den Feldbau kommt es besonders auf die Jahreszeit an, und der Klassenlehrer muss sich rechtzeitig darum kümmern, wo und wann die Klasse das Feld oder gar den Acker später bestellen kann, wer dabei hilft, welche Gerätschaften noch zu besorgen sind usw.

Zum Säen kommen nur der Herbst oder das Frühjahr in Frage, und dementsprechend wird auch der Zeitpunkt der Epoche festgelegt werden.

Für heutige Großstadtkinder, die das Brot im Einkaufszentrum kaufen, wird es wohl von ganz besonderer Bedeutung sein, schrittweise miterleben zu dürfen, wie aus dem Korn im Laufe des Jahres das Brot wird. Daher wird ihnen im Hauptunterricht von der Arbeit des Bauern erzählt: wie er den Boden düngt, pflügt und eggt und wie er in früherer Zeit den Samen noch mit der Hand ausstreute, zuvor sogar ein Gebet sprach. Der Klassenlehrer schildert, wie das Korn keimt und aufgeht, als kleine grüne Pflanze in den langen frostigen Winternächten unter dem Schnee geschützt die Kälte übersteht, im Frühjahr wächst und kräftige, bewundernswerte Halme bildet, schließlich golden blüht und von Menschenhand geerntet wird. Dem Trocknen auf dem Feld und dem Einbringen der Ernte in die Scheune folgen dann die Schilderungen des Dreschens, des Mahlens in der Mühle, und zu guter Letzt lernen die Kinder die Arbeit des Bäckers kennen. Welch ein Reigen von Ereignissen, und das alles darf nun in die Tat umgesetzt werden!

Nicht jeder Klassenlehrer hat bisher bei einem Bauern zuschauen oder mithelfen können, und so wird für ihn manches neu zu erarbeiten sein, sodass sich sein Interesse befeuert.[44] Freilich muss man heute die Kinder auch an die Tatsache heranführen, dass der Bauer Maschinen für seine anstrengenden Arbeiten benutzt, und die Kinder werden sie auch entdecken, wenn sie zu gegebener Zeit einen Ausflug auf einen Bauernhof machen. Haben sie erst einmal begriffen, wie man mit der Hand sät, so verstehen sie auch recht leicht die Drillmaschine (zum Säen). Wenn sie selbst das Korn aus den Ähren geschlagen und mit den Mahlbrettern über der Spreu so viel Wind gemacht haben, dass die Spelzen davonflogen, das Korn liegenblieb, dann verstehen sie auch, warum in der Dreschmachine (auch im

Mähdrescher) auf einer Walze Schlegel angebracht sind und warum darin ein Windrad läuft. Beides haben sie vorher selbst erfahren und verstehen daher die Maschine vielleicht besser als jemand, der sich nur im Buch darüber informiert.

Endlich kommt der Tag, an dem auf dem Feld gedüngt, gepflügt, geeggt und das Korn gesät werden soll, und die Vorfreude der Kinder ist kaum zu beschreiben. Für den Klassenlehrer wird es spannend: Was muss nicht alles vorher im Klassenzimmer bedacht und besprochen worden sein, damit ein guter Ablauf gewährleistet ist! Sicherlich wird er Helfer haben, aber die Verantwortung, dass alles klappt und die Kinder zu «ihrem» eindrücklichen Erlebnis kommen, trägt er doch meistens allein.

Regelmäßige Ausflüge zum Feld, um die Saat aufgehen zu sehen, die Halme weiterhin in ihrem Wachstum zu beobachten, im Sommer dann das Blühen mitzuerleben, bringen die Kinder wie ihren Lehrer dazu, einmal besonders stark in die einzelnen Phasen des Jahreslaufs einzutauchen, was man eigentlich jedem Menschen wünschen möchte.

Die Ernte mit dem Binden der Garben, das Aufhocken des Getreides, schließlich das Einbringen dieser Frucht, dann das Dreschen mit Dreschflegeln oder einem ähnlichen nachgebauten Gerät beschließen den Reigen der Außenarbeiten. Da hat schon so manche Klasse einen gut gefüllten Sack voller Korn im Klassenzimmer stehen gehabt – bis der Tag kam, an dem mit Handmühlen alles in Mehl umgewandelt wurde.

Die Krönung des Ganzen, das Formen der Brote und anschließende Backen, erleben die Schüler und ihr Klassenlehrer als einen Festtag: Sie haben die Arbeiten des Bauern, des Müllers und des Bäckers mit ihren eigenen Händen auf einfache Weise nachvollzogen. Wie tüchtig müssen dagegen deren Hände sein, und welch bedeutsame Arbeit leisten sie täglich für jeden von uns! Solche Gefühle dürfen zum Abschluss geweckt werden, und sie münden ein in ein Gefühl der Dankbarkeit, dass ohne die göttlichen Kräfte das Korn nicht gewachsen wäre.

Wenn man seinen Kindern diese Epoche in Bildern nahebringt, dabei vom Bereiten des Bodens, vom Säen und Wachsen spricht, schließlich auch vom Reifen, Ernten und Einbringen der Frucht, so schildert man ihnen im übertragenen Sinne zugleich all das, was die Eltern und Lehrer selbst ständig in der Erziehung tun. In analoger Weise hofft doch jeder Klassenlehrer, dass all seine Saat in den Seelen der Kinder gut aufgehen möge, dass ihre geistigen Kräfte ständig wachsen und gute Früchte hervorbringen werden und sie später reiche Ernte halten können. Jahreslauf und Lebenslauf können einem so zum Sinnbild werden, und das, was zuerst vielleicht nostalgisch anmutete, ist methodisch dem Alter entsprechend richtig.

Die «Handwerker- und Hausbauepoche»: Meisterhände bei der Arbeit

In der Feldbauepoche hat man vor allem von der Arbeit des Bauern, des Müllers und des Bäckers gesprochen. In einer oder zwei weiteren Epochen steht nun die Arbeit anderer Handwerker im Mittelpunkt. Der Klassenlehrer geht rechtzeitig auf die Suche, wo er mit seinen Kindern solche Handwerker findet, die sich gern bei der Arbeit über die Schulter gucken lassen und den Kindern, die besonders begeisterte Zuschauer und Zuhörer sein können, gern von ihrem Tun erzählen. Nicht selten ergibt sich für die Schüler auch die Möglichkeit, selbst Hand anzulegen.

In der allerersten Schulstunde sind die Kinder auf die Bedeutung der Hände aufmerksam gemacht worden, darauf, wie diese tüchtig werden sollen – nun sehen sie «Meisterhände» bei der Arbeit. Auch der Klassenlehrer kann nur staunen, wenn ein Schmied, ein

Glasbläser, ein Tischler oder in der Hausbauepoche der Maurer oder Zimmermann seine Handwerkskünste vorführt.

Am eindrucksvollsten für eine meiner Klassen waren die Stunden bei einem alten, gütigen Bäckermeister, der bereit war, mit einer Gruppe von jeweils zehn Schülern Zöpfe, Schnecken und Brezeln, wie man sie im Laden kaufen kann, zu backen. Das Rezept wurde genau besprochen und abgeschrieben, dann eine große Menge Teig gerührt, und nun stellten sich seine «Lehrlinge» um den großen Tisch herum, um zuzusehen, wie der Meister die verschiedenen Backwaren mit den Händen formt. Beim Formen der Brezel gab es eine Überraschung, obwohl der Bäcker die Kinder eindringlich bat, genau hinzusehen: Wir konnten noch mit den Augen verfolgen, wie er ein Stück Teig abschnitt, dieses gemächlich zu einer langen Wurst (die in der Mitte dicker blieb als an beiden Enden) unter seinen Händen ausrollte und an den Enden mit beiden Händen anfasste. Doch dann ließ er sie mit einem «Passt auf!» blitzschnell hochschnellen und in der Luft sich umdrehen, und nahezu im selben Augenblick hatte er sie fertig vor sich liegen. Es gab spontanen Applaus, und dann führten die Schüler die Backarbeiten unter seiner Anleitung mit viel Elan und Ausdauer aus. Mit all ihren verschiedenen goldbraun gebackenen Zöpfen und Schnecken zogen sie dankbar davon, aber eine Brezel brachte keiner zustande!

Die Kinder konnten noch andere Handwerker erleben, aber diese Meisterhände bleiben ihnen und mir unvergesslich! Oftmals forderten meine Schüler bei solchen Besuchen mich freudig auf, auch einmal die Arbeit zu versuchen, und dann konnten sie erleben, dass meine Hände auch nicht die Geschicklichkeit eines solchen Meisters nachahmen können, dass demnach in der Werkstatt der Meister für seine Lehrlinge, seine Gesellen und auch für uns alle eine Autorität darstellt. Bei besagtem Bäcker vergaßen sie vor lauter Eifer, mich um den Versuch des Brezelmachens zu bitten, und ich war nicht gerade unglücklich darüber.

In der Hausbauepoche können Lehrer wie Schüler lernen, wie heutzutage viele Handwerker gemeinsam an einem solchen Werk arbeiten müssen und wie dabei jeder auf den anderen angewiesen ist – ein großartiges Motiv. Man kann den Kindern auch aus der Geschichte des Hausbaus erzählen, wie anders die Häuser früher aussahen, wie unterschiedlich andere Völker wohnen, und sie lernen auch alle Stationen des heutigen Bauens kennen. Schließlich dürfen sie selbst ein kleines Häuschen basteln, das zusammen mit all den anderen Kunstwerken den Klassenraum in eine Sehenswürdigkeit verwandelt.

Wenn sich dem Klassenlehrer die Möglichkeit bietet, die Kinder durch einen Maurer oder einen anderen Bauhandwerker in eine sinnvolle Bautätigkeit einzuspannen, wird er wohl begeistert zugreifen und die Kinder sehr damit erfreuen. Man möchte schon jedem Kind wünschen, dass es unter Anleitung eines Maurers wenigstens einmal mit der Kelle und dem Senkblei einige Steine mauern durfte – natürlich nur an einer Stelle, wo kleine Unebenheiten nicht viel Schaden anrichten können.

Wenn eine Schule gerade neu baut, so hat die 3. Klasse viel Gelegenheit, alle Phasen des Bauens zu verfolgen, aber es kann auch sein, dass Eltern oder freundliche Nachbarn in Schulnähe einen Bau erstellen und die Schüler mit all ihren Sinnen wahrnehmen lassen, was sie im Unterricht erlebten. Ein lohnendes Bauobjekt kann übrigens ein Backofen sein, falls die Schule noch keinen hat, doch bedarf es qualifizierter fachmännischer Beratung, damit der Ofen dann auch zu gebrauchen ist.

Sachrechnen: Erziehen zur Lebenstüchtigkeit

Wo liegt im dritten Schuljahr im Rechenunterricht der neue Akzent, nachdem die Kinder im Umgang mit den vier Grundrechnungsarten schon einige Gewandtheit erreicht haben? Es muss auch hier darum gehen, das Erlernte im täglichen Leben anzuwenden.

Um nicht als Erstes auf das Geld zu sprechen zu kommen, wird der Klassenlehrer vielleicht damit beginnen, das Rechnen mit Gewichten einzuführen. Da die Kinder heute fast nur noch erleben, dass auf der elektronischen Waage sehr genaue Dezimalzahlen – vielfach gleich mit Preisangabe – ohne sichtbaren Messvorgang erscheinen, ist es ratsam, dass sie selbst auf einer alten Waage (in der Physiksammlung zu finden) an mehreren Tagen Obst oder verschiedene Gegenstände abwiegen, sodass auf einer der Waagschalen Gewichtssteine aufzulegen und zu addieren sind. Im Unterricht werden dann alle Gewichte – auch die ganz großen – anschaulich besprochen und einfache Umrechnungen begonnen. Die Kinder gewinnen dadurch auch zu den modernen Waagen ein anderes Verhältnis, weil sie verstehen, was die Zahlen bedeuten.

Beim Umgang mit dem Geld kann es dem Klassenlehrer wichtig sein, dass die Kinder einmal alle Münzen und Scheine in Ruhe anschauen und abzeichnen. Zwei meiner Schüler konnten sogar ihre Väter dazu bewegen, zur Bank zu gehen und einen Fünfhundert- und Tausendmarkschein für ein paar Stunden zu holen, da sie diese unbedingt abzeichnen wollten. Dann wurde gemeinsam geübt, wie man mit Wechselgeld umgeht. Einfache Rechnungen vom Einkauf wurden nachgeprüft, welche Münzen man auf den Ladentisch legt, wenn man eine bestimmte Summe zu bezahlen hat usw.

Das Messen von Längen ist ein weiteres Thema im Rechenunterricht der 3. Klasse, und die meisten Lehrer beginnen mit den alten Maßen, bei denen zum Beispiel die «Hand», der «Fuß», die «Elle» des Menschen eine Rolle spielten. Alles mögliche wird in der Klasse auf diese Weise ausgemessen, und alle stellen fest, dass man wegen der verschiedenen Körpergrößen gar nicht zu einheitlichen Ergebnissen gelangen kann. Die Elle des Lehrers ist auf jeden Fall die größte. So kommt man auf das vereinheitlichende Metermaß zu sprechen und misst nun in der Klasse wie zu Hause einmal alles ganz genau. Um die Entfernung eines Kilometers exakt kennenzulernen, liehen wir uns ein Messrad und machten von der Schule aus einen «Kilometerausflug» und staunten dabei nicht wenig, dass wir so weit gehen mussten. Alle Maße wurden aufgeschrieben und auswendig gelernt, und es wurde dann damit begonnen, ganz einfache Umrechnungen auszuführen.

Das Rechnen mit der Uhrzeit ist ebenfalls ein wichtiges Thema in diesem Schuljahr. In Anlehnung an die Handwerkerepoche konnten wir einen Bausatz einer Kuckucksuhr besorgen, und ich versuchte mich als «Uhrmacher», übte mich zu Hause im Zusammenbauen und wagte es schließlich vor den Augen der Kinder (es war ein recht einfacher Bausatz, bei dem der Kuckuck alle Viertelstunde einmal ruft). Jetzt konnte man den Zeigerlauf beobachten und zusehen, wie im Raum die Zeit sichtbar verläuft. Kinder können heute an den Digitaluhren zwar die Zahlen schon früh ablesen, bekommen aber dadurch noch lange kein Zeitgefühl. Als einem Schüler beim Ausfegen des Klassenzimmers diese Uhr herunterfiel, wurde von Vätern aus einem komplizierteren Bausatz eine Uhr gefertigt, bei der ein Kuckuck jede volle und halbe Stunde ausruft. Sie wurde für diese Schüler zu einem ständigen Weggenossen – sogar in der Oberstufe. Alle, auch die Lehrer, wussten stets, wie spät es war, und – wie angenehm! – niemand musste zwischendurch auf die eigene Uhr schauen! Nur an Elternabenden wurde immer gelacht, wenn um 21 Uhr plötzlich der Kuckucksruf erschallte; alle anderen fühlten sich nicht gestört. Um Rechenaufgaben mit der Uhrzeit zu lösen, kann man unter anderem auch die Schulwege und die Fahrzeiten der Kinder gemeinsam nachrechnen, damit alle ein Bewusstsein für die unterschiedlich großen Entfernungen und eventuelle Strapazen bekommen.

Für den Klassenlehrer sind die Rechenepochen dieses Jahres zugleich eine gute Gelegenheit, sich durch das Suchen und Erfinden von entsprechenden Aufgaben in unterschiedlichste konkrete Lebenssituationen hineinzuversetzen, um so auch seine Schüler zu lebenspraktischen Menschen erziehen zu können.

Ein neuer Schritt im Deutschunterricht

Die erste Sprachlehre

Auch im Deutschunterricht wird auf die innere Situation der Schüler eingegangen. Mit dem Überschreiten des «Rubikons» ergibt sich die Möglichkeit, die Kinder in einer Sprachlehre-Epoche auf die ersten grammatikalischen Grundlagen unserer Sprache hinzuweisen.[45] Die Schüler lernen auf künstlerische Weise, so an ihrer Muttersprache zu arbeiten, dass sie hier entdecken und durchschauen, was sie seit ihrer frühen Kindheit an grammatikalischen Gesetzen unbewusst anwenden.

So werden unter anderem die drei wichtigsten Wortarten besprochen. Beim Suchen von «Tuwörtern» werden die Kinder rasch darauf kommen, alles aufzuzählen, was sie selbst tun, dann das, was der Bauer, die Handwerker usw. mit ihren Händen schaffen. Lässt man dann beliebige Tuwörter aufzählen, spürt man, dass die Kinder am liebsten alles gleich in die Tat umsetzen möchten, und bei ganz bestimmten Wörtern werden sie sich das auch nicht nehmen lassen. Es braucht nur jemand «hüpfen», «laufen», «pfeifen» zu sagen, so werden einige damit anfangen, und die anderen folgen. Es kann schnell ein Chaos entstehen, denn diese Wortart verlangt nach Bewegung. So bedarf es der Kunst des Lehrers, Wörter einzuflechten, die einen Ausgleich schaffen. Ruft man «sitzen», «ruhen» oder «schlafen», so flitzen bei diesen Zauberworten alle auf den Platz zurück, und man wartet, bis wieder Stille eingekehrt ist. Nach solchem Einatmen darf wieder ein Ausatmen beginnen.

Wie anders verlaufen dagegen die Unterrichtsstunden, in denen man der Klasse die Hauptwörter nahebringt und Beispiele suchen lässt! Es herrscht insgesamt Ruhe, denn die Kinder nennen im Grunde Namen von all den Dingen, die sie sehen oder denken, und es gibt nichts, was einen aufregen oder in innere Bewegung versetzen könnte.

Die «Wiewörter» erlebt man wie eine Mitte zwischen den beiden anderen Wortarten. Sagt einer «groß», so dauert es nicht lange, und ein anderer nennt das Gegenteil, «klein». Das lässt sich bei vielen Eigenschaftswörtern praktizieren, aber längst nicht bei allen.

Das Besprechen der drei Wortarten ist in der ersten Sprachlehre-Epoche eines von mehreren Themen. Es sollte hier nur verdeutlicht werden, dass es möglich ist, sich auch für dieses scheinbar so spröde Fach zu interessieren, mit der Zeit sogar zu begeistern. Für die Ich-Entwicklung der Kinder ist es von großer Bedeutung, dass sie zur Grammatik das rechte Verhältnis erlangen.

Deutsche Schreibschrift und Frakturschrift

Es kann einen wirklich überraschen zu hören, dass die Kinder, die im Jahr zuvor erst gelernt haben, die Schreibbuchstaben zu schreiben, in diesem Schuljahr eine weitere Schrift kennenlernen sollen, und dazu noch eine solche, die man heute gar nicht mehr schreibt – die deutsche Schreibschrift! Aber darin steckt ein tiefer Sinn. Bevor sich die eigene Handschrift festigt, wird die Hand zu neuen Linienzügen angeregt, alles bleibt in Bewegung, und vor allem erfahren die Kinder auf diese Weise, dass alles, was man spricht, sehr verschieden zu Papier gebracht werden kann. Es gibt nicht nur eine Möglichkeit zu schreiben, sondern recht unterschiedliche.

Für den Klassenlehrer ist es ebenfalls eine interessante Aufgabe, denn er wird diese Schrift auch einige Zeit üben und mit Verständnis durchdringen müssen, wird aber zugleich eine Entdeckung machen: Diese Schreibschrift hat viel mehr spitze, zackige Formen und wirkt winkliger als unsere Schrift; man muss beim Schreiben genau hinschauen, weil alles so ungewohnt ist. Nach einer gewissen Zeit kehrt man dann zur üblichen Schreibschrift zurück, und die Kinder werden sie wie neu erleben, die Linienzüge viel bewusster formen.

Gegen Ende des Schuljahres, vielleicht auch erst zu Beginn des neuen, erarbeitet man in der Waldorfschule mit den Kindern dann die «deutsche Druckschrift», auch «Frakturschrift» genannt, die man überall in alten Büchern findet. Es gibt heute viele Menschen, die nicht in der Lage sind, diese Schrift zu entziffern, oder denen es zu mühsam ist. Man zeigt beim Erlernen der Frakturschrift den Kindern den Umgang mit Breitfeder und Tusche, kann aber auch einen Zimmermannsbleistift verwenden. Welch eindrucksvolle Buchstabenformen – vielfach auch mit Verzierungen – entstehen da vor den Augen der Schüler, und einige Kinder lassen sie nicht in Vergessenheit geraten, sondern verwenden sie auch später beim Ausgestalten der Überschriften von Texten.

Es sei an dieser Stelle bereits erwähnt, dass man die Schüler in den nächsten Schuljahren gern noch weitere Schriften nacherleben lässt, vor allem, wenn es darum geht, andere Völker und deren Wesenszüge kennenzulernen. Auf diese Weise lernt man als Lehrer für die Kinder, aber auch für sich selbst, wenigstens die ersten Anfänge der germanischen Runen und der ägyptischen Hieroglyphen schreiben, erarbeitet sich auch einige Schriftzeichen der hebräischen Schrift (im dritten Schuljahr beim Schreiben des ersten Bibeltextes anwendbar) sowie der chinesischen Pinselschrift. Auch hierbei wird sich das Interesse, das man selbst an der Sache entwickelt hat, schnell auf die Kinder übertragen. Es ist wichtig, dass die Kinder lernen, ihre «Schreibschrift» so schön wie nur möglich zu Papier zu bringen, und so wird der Lehrer nach einem solchen Intermezzo darauf besonders zu achten haben.

Die Bedeutung der eigenen Sprache

Von großer Bedeutung ist es, dass die Kinder vom ersten Schuljahr an lernen, auf eine klare, schöne, gut verständliche Sprechweise zu achten. Dabei ahmen sie nach, was ihnen vor allem ihr Klassenlehrer vorspricht, und so zeigt sich auch hierbei, welche Verantwortung dieser trägt. Ob er Geschichten erzählt, Reime, Gedichte oder Texte aus Klassenpielen vorspricht: die Kinder tauchen in alle feinen Nuancen der Sprache ihres Lehrers ein und gestalten ihre eigenen Fähigkeiten dementsprechend.

So bedarf es für den Klassenlehrer der gezielten Arbeit und Weiterbildung an der eigenen Sprechweise, am besten mit einer Lehrkraft für «Sprachgestaltung». Im Unterricht bietet sich morgens während des rhythmischen Teils die beste Möglichkeit, mit den Kindern immer wieder Sprechübungen aller Art auszuführen. Es können auch diejenigen sein, an denen man selbst zu Hause gerade regelmäßig übt, denn zur Vollkommenheit wird man es ja nie bringen. Außerdem übt man für seine Schüler nicht nur ein klares, verständliches und schönes Sprechen, sondern achtet auch darauf, wie man Verse, Gedichte, schließlich Kunstwerke sprachlich-künstlerisch gestalten und sie ihnen vortragen kann.

Auch die Gedächtnisfähigkeiten des Klassenlehrers werden sich steigern: Eine Fülle von Kinderreimen, Gedichten, Jahreszeitensprüchen und Texten zu Fingerspielen sowie Klassenspielen lernt er bereits in den beiden ersten Schuljahren auswendig. Im dritten Jahr wird er obendrein Handwerkersprüche, Bauernregeln und Texte sowie Psalmen aus dem Alten Testament mit den Schülern rezitieren.[46]

In der 3. Klasse geht es auch darum, dass die Kinder neben Reim und Rhythmus die innere Schönheit eines Gedichtes empfinden, da sie sich dafür zu öffnen beginnen. Auch in den folgenden Jahren sollte sehr auf die Sprachentwicklung der einzelnen Schüler wie der ganzen Klasse geachtet, regelmäßig Sprechübungen gemacht und Gedichte rezitiert werden.

Das bewusste Üben und Erlernen der *Rechtschreibung* beginnt im dritten Schuljahr und geht ganz vom genauen Zuhören aus.[47] Können die Kinder doch nur dann jeden Laut in einem Wort richtig entdecken, wenn ihnen dieses entsprechend vorgesprochen wird. Daher ergibt sich für den Klassenlehrer auch hier die Notwendigkeit, an seiner eigenen Sprache zu arbeiten. Allerdings bringen die Schüler auch aus ihrem außerschulischen Lebensraum so manches Wort mit, bei dem sie die Laute bisher nie deutlich heraushören konnten, und so kann ein bewussteres Sprechen im Elternhaus, wenn man daran Freude empfindet, zusätzlich sehr hilfreich für die weitere Sprachentwicklung und die damit in Beziehung stehende Rechtschreibung des eigenen Kindes sein.

Man geht wohl nicht fehl, wenn man sagt, dass der Lehrer ebenfalls ein besonderes «Handwerkszeug» hat: seine Sprache. Wie jedes andere Handwerkszeug muss es gepflegt werden, und dazu tragen die Schüler wesentlich bei, indem sie es vom Lehrer übernehmen, ihm gleichsam seine Sprache treulich spiegeln und ihn zur Selbsterziehung anregen.

Die Monatsfeiern

Eine gute Gelegenheit, alles, was man an Gedichten, Versen, Rezitationen und kleinen Spielen im Hauptunterricht eine längere Zeit hindurch geübt hat, den anderen Klassen einmal in der Aula vorzuführen, bieten an Waldorfschulen die sogenannten Monatsfeiern. Wohl nur wenige Schulen führen sie heute noch monatlich durch – die meisten viermal im Jahr; bei Beginn der ersten Waldorfschule war behördlicherseits ein Tag im Monat schulfrei, und so beschloss man damals, an diesem Tag sich gegenseitig etwas im Unterricht Erarbeitetes vorzuführen.

Eine Fülle von unterschiedlichsten Darbietungen – auch aus dem Fachunterricht – kann man an einem solchen Tag erleben. Jeder Lehrer, der mit seiner Klasse auf der Bühne auftreten muss, kennt das prickelnde Gefühl der Aufregung, das ihn und die Kinder vorher plagt. Zwar will man nur das zeigen, was auch im Unterricht gelebt hat, aber es muss doch Hand und Fuß haben, denn in der Aula sitzt bei der Monatsfeier ein sehr kritisches Publikum, und das sind die Schüler selbst.

Die Feier hat begonnen, die Klasse ist an der Reihe, geht nach vorn, stellt sich auf die Bühne, der Klassenlehrer davor (das Aufstellen hat hoffentlich einigermaßen geklappt), und da er alle Schwachstellen kennt, hofft er mit seinen Kindern, dass alles gut gelingt. Das kann als ein Augenblick ganz besonderen Verbundenseins, gewissermaßen als ein Aufeinander-Angewiesensein, empfunden werden, und nach ein paar einleitenden Worten des Klassenlehrers, die ihm nicht immer leichtfallen, nimmt alles seinen Gang. Gespannt schauen die Schüler dem Lehrer nach ihrem Beitrag in die Augen, um dem anerkennenden Blick zu entnehmen, dass ihnen alles gut gelungen ist und alle damit zufrieden sein dürfen.

Bei öffentlichen Monatsfeiern, zu denen Eltern und Freunde der Schule eingeladen werden, spürt man allgemeines Wohlwollen sowie Anerkennung, und den reichlichen Applaus nehmen Lehrer und Schüler dankbar entgegen. Bei diesen Gelegenheiten lernen die Eltern die Arbeit «ihres» Klassenlehrers mit ihren Kindern recht gut kennen. Da wird verglichen – ob man will oder nicht –, und nach einiger Zeit entdecken Kollegen und Eltern spezifische Merkmale der einzelnen Klassen, sodass es dann bei «Parkplatz»- oder «Lehrerzimmergesprächen» heißt: «Das ist typisch für die Meier-Klasse und jenes für die Müller-Klasse.» Es ist berechtigt, von realen «Klassenindividualitäten» zu sprechen, und dass man diesen die «Handschrift» des jeweiligen Klassenlehrers anmerkt, ist wohl nicht zu leugnen. Die glänzenden Darbietungen müssen allerdings pädagogisch nicht die wertvollsten sein, und dafür sollte man sein Urteil schulen, sodass man auch den äußerlich bescheidenen Beiträgen, die vielleicht unter besonders schweren Bedingungen erarbeitet wurden, den nötigen Respekt zollt.

Der Klassenlehrer kann sich bei solchen Monatsfeiern durch die anderen Beiträge auch interessante Anregungen für die eigene Arbeit holen; außerdem sieht er beispielsweise, wie der Kollege seine Kinder auf die Bühne führt, beim Rezitieren oder beim Singen dirigiert usw.

In welch frohe Gesichter blickt man nach einer solchen Feier, wenn alles einigermaßen gelungen ist! Besonders reizvoll aber kann sie sein, wenn sie am Ende des Schuljahres eine Art Zusammenfassung des Ganzen darstellt. Für die Schüler ist es ein Rückblick, zugleich aber auch ein Vorblick auf diejenigen Fähigkeiten, die es künftig zu entwickeln gilt.

8. Das vierte Schuljahr

Eine innere Umbruchssituation

Im dritten Schuljahr haben viele Kinder den Rubikon anfänglich überschritten, und durch die im Lehrplan angegebenen Epochen wurden zunächst die inneren Verwandlungen begleitet. Im neuen Jahr kommt es darauf an, dass der Klassenlehrer durch sein gesamtes, vor allem verständnisvolles Verhalten und seine Unterrichtsdarstellungen den Schülern beim Vollenden des begonnenen Prozesses hilft, dass er sie ermutigt und innere Bestätigung erleben lässt.

Die erste Kindheit gehört nun der Vergangenheit an. Gegenüber allem Früheren empfinden die Kinder gewissermaßen einen Bruch, was sich auch in ihrem Verhältnis zur Umwelt deutlich widerspiegelt.

Erzählstoff: Germanische Mythologie und Stabreime aus der Edda

Im Erzählteil am Ende des Hauptunterrichts werden in diesem Schuljahr die germanischen Götter- und Heldensagen erzählt.[48] Während der Vorbereitung auf diese gewaltigen Mythen kann man als Klassenlehrer bereits erleben, welch starken Eindruck diese Bilder auf die Schüler machen werden. Da sie aber Ausdruck von geistigen Vorgängen und Tatsachen sind, bedarf es einer längeren Zeit, um sich in solche Hintergründe einzuarbeiten. Was oben über das Verstehen der Märchen gesagt wurde, auf deren Bedeutung durch die eigene Beschäftigung mit der Anthroposophie ein neues Licht fällt, gilt ebenso für die Mythen. Wenn man erst einmal den rechten Zugang zu ihnen gefunden hat, wird einem immer klarer, dass man der Klasse Wahrheiten in Bildform vermittelt, und so erlangt man für das Erzählen wie für das Beantworten von Fragen die nötige Sicherheit.

Ein Teil der darzustellenden Sagen entstammt der «Edda», deren Verse im Stabreim geschrieben sind und von gewaltiger Sprachkraft Zeugnis ablegen. Die Kinder sollen im vierten Schuljahr eine Reihe von diesen Strophen kennenlernen und sie dann im Chor oder einzeln rezitieren. Nicht etwa ein Reim am Ende der Zeile, sondern die in einer Verszeile sich wiederholenden Anfangslaute (sogenannte Alliterationen) charakterisieren den Stabreim; sie werden beim Sprechen hervorgehoben. Um diesen meist unrhythmisch auftretenden Betonungen stärkeren Nachdruck zu verleihen, lassen manche Klassenlehrer die Kinder jedes Mal mit dem Fuß auftreten (nicht stampfen!), während der Anfangslaut ertönt. Man kann auf dem Flur oder im Stockwerk unter den Viertklässlern dann mühelos erraten, welche Klasse hier am Werk sein muss, denn die Stabreime mit ihrem willenshaften Charakter werden nur in diesem Schuljahr geübt.[49]

Epochen des vierten Schuljahres

Der oben erwähnte Bruch ist von den Kindern inzwischen vollzogen, die Umwelt wird ganz neu erlebt, und damit ist der Augenblick gekommen, dass der Naturkundeunterricht einsetzen muss. Man spürt, dass man den Kindern fortan nicht mehr von den Tieren so erzählen darf, dass diese miteinander sprechen. Es darf auch nicht mehr der Wolf aus dem Märchen oder der Fabel sein!

An die Stelle tritt die Betrachtung von Tieren, wie sie fortan in der Natur oder im Tierpark beobachtet und erlebt werden können, jedoch mit einer Besonderheit: Alles, was die Kinder über die Tiere erfahren, soll zum Menschen in Beziehung gesetzt werden. Für den Klassenlehrer ist das keine ganz einfache, aber eine sehr interessante Aufgabe!

Menschen- und Tierkunde. Von der Aufrechten und der Aufgabe unserer Hände

Die erste Epoche der Menschen- und Tierkunde wurde von Rudolf Steiner mit den ersten Waldorflehrern exemplarisch so anschaulich besprochen, dass noch heute die dargestellten methodischen Schritte eine bedeutende Hilfe darstellen.[50] Vom Gelingen dieser Epoche, die in diesem Kindesalter etwas ganz Besonderes veranlagen soll, hängt viel ab.

Man beginnt mit der Betrachtung des Menschen und zeigt den Kindern, wie und wo sich in der Menschengestalt kosmische Formen widerspiegeln. Besondere Beachtung wird den Aufgaben unserer Beine und Füße im Gegensatz zu denen unserer Arme und Hände geschenkt. Die Kinder sollen fühlen lernen, wie alles, was wir mit den Händen in der Welt arbeiten, dadurch möglich ist, dass diese uns im Gegensatz zu den Gliedmaßen der Tiere nicht mehr tragen oder unserem Leib dienen müssen, sondern gewissermaßen frei geworden sind. Wir Menschen können Werkzeuge erfinden, um mit den Händen verschiedenste Tätigkeiten auszuüben, während bei den Tieren die Gliedmaßen zwar wunderbar eingerichtet sind, gleichsam wie Werkzeuge dem Leibesleben dienen (z. B. Flossen, Hufe, Tatzen, Krallen, Pfoten, Flügel, Schwimmhäute), aber nur für den begrenzten Lebensraum sinnvoll sind. Die Kinder verstehen schnell, was damit gemeint ist, wenn man sie fragt, ob die Pfoten eines Eichhörnchens auch für ein Kamel in der Wüste geeignet seien und umgekehrt dessen Hufe für ein Leben in den Bäumen.

Die Bedeutung unserer aufrechten Menschengestalt und die Aufgaben unserer Hände im Gegensatz zu denen der Füße soll aus der ganzen Art der Tier- und Menschenbetrachtung deutlich werden. Wie alles im Unterricht muss auch dies auf künstlerisch-lebendige Weise geschehen. Steht dem Klassenlehrer der Verlauf der Epoche erst einmal deutlich vor Augen, so fällt es leicht, diejenigen Tiere auszuwählen, an denen man das Unterschiedliche besonders gut den Schülern zeigen kann.[51]

Es gibt während der vier Wochen (mit weniger Zeit ist es kaum zu schaffen) viel zu erzählen, nachzuerzählen, an Fragen zu beantworten, dann auch manches zu zeigen, zu malen und schriftlich abzufassen. Hat die Klasse auch schon viel früher mit eigenen kleinen Niederschriften begonnen, so ist besonders jetzt die Zeit gekommen, wo so manches von den Schülern selbst formuliert und zu Papier gebracht werden sollte, und dazu eignet sich das Beschreiben von Tieren besonders gut.

Das Malen mit Wasserfarben erfährt in diesem Schuljahr ebenfalls einen neuen Akzent: Von den reinen Farbübungen geht man dazu über, Gegenständliches auszudrücken, und dazu eignet sich besonders das Malen von Tierbildern.[52] Hier geht es darum, anstelle einer naturalistischen Nachbildung mit der Farbe zugleich das Seelische der Tiere zum Ausdruck zu bringen. Die Eltern entdecken dann am Elternabend an der Pinnwand im Klassenzimmer beispielsweise blaue Elefanten und Kühe oder rotgelbe Löwen in entsprechend farbig gestalteter Landschaft, und so manche Frage mag sich daran anknüpfen. Vielleicht ergibt sich daraus, selbst einmal am Elternabend mit Wasserfarben zu malen, um die Erlebnisse der Kinder besser nachvollziehen zu können.

Von den Kindern wird diese Epoche im Allgemeinen sehr geschätzt, denn von Tieren hören sie liebend gern, wissen oftmals auch sehr Interessantes beizutragen, sodass sich manch gutes gemeinsames Gespräch ergeben kann. Nähert sich die Menschen- und Tierkunde ihrem Ende, so fällt es wohl jedem Lehrer schwer abzuschließen, ist man doch inzwischen so gut in dieses Fachgebiet eingedrungen und hätte es nun leicht, in dieser Weise weiterzumachen. Aber die nächste Epoche ruft und muss unbedingt zu ihrem Recht kommen!

«Heimatkunde» als seelischer Atemprozess

Nun, da die Kinder innerlich eine neue Beziehung zur Welt suchen, setzt auch die erdkundliche Betrachtung der Heimat ein. Dabei erfahren sie durch die Erzählungen des Klassenlehrers auch, wie am jeweiligen Ort dies und jenes entstanden ist und sich bis heute weiterentwickelt hat: die Geschichte der nahen Umgebung. Raum und Zeit werden ihnen bewusstgemacht. Für den Klassenlehrer kann auch die Vorbereitung auf diese Epoche zu einem besonderen Erlebnis werden, erfährt er doch so manches Interessante aus der entsprechenden Literatur, was die Kinder ebenso freudig und mit Spannung aufnehmen. Alles, was man später den Schülern an Ort und Stelle zeigen möchte, schaut man sich am besten vorher an, um bei den Klassenausflügen gewappnet zu sein. Man lernt dabei selbst am meisten und könnte hinterher vielleicht einen ganz guten Stadtführer oder Reisebegleiter abgeben.

Neben allen Schilderungen geht es in dieser Epoche auch darum, dass die Schüler zum Verständnis einer Landkarte gelangen und sie im Heft oder auf einem großen Blatt auf künstlerische Weise ausgestalten. Erst jetzt können sie sich innerlich so richtig vorstellen und bildhaft ausmalen, wie ein Vogel z. B. die Schule, deren nähere Umgebung, schließlich immer größere Gebiete von oben sieht.

Bei den ersten Erkundigungsausflügen in die nahe Umgebung gilt es darauf zu achten, welche Biegungen die Wege machen, ob rechts und links Häuser, Felder, Wiesen, Weiden, Wald oder auch ein Bach zu entdecken sind. All das soll sich in der Karte widerspiegeln, und so erfindet man mit den Kindern entsprechende Symbole, die dann in die Karte einzutragen sind. Das genaue Beobachten weckt die Sinne auf, ruft in den Kindern eine innige Beziehung zu diesem Flecken Erde hervor, regt aber auch den Lehrer dazu an, alle Aktivitäten mit den Kindern gemeinsam zu pflegen.

Wird durch die erdkundliche Betrachtung der Blick in die Weite gelenkt, so führen die geschichtlichen Darstellungen mehr nach innen. Es ist gleichsam ein seelischer Atemprozess, wie er ja ohnehin jeden Unterricht durchziehen soll, hier sich aber zusätzlich aus der Gesamtgestalt der Epoche ergibt.

Geschichte: der Verlauf der Zeit im Raum

Will man den Kindern ein rechtes Gefühl dafür vermitteln, wie viel Zeit seit den Anfängen des Heimatortes vergangen ist und wann die weiteren einschneidenden Ereignisse stattfanden, so bringt es wenig, wenn man ihnen die entsprechenden Jahreszahlen an die Tafel schreibt und diese dann erläutert. Rudolf Steiner gab den Lehrern die Anregung, den Verlauf der Zeit im Raum sichtbar zu machen, was recht einleuchtend erscheint, wenn man bedenkt, dass wir in unserer Sprache so manches Zeitliche durch Worte ausdrücken, die dem räumlichen Anschauen entnommen sind: Wir sagen beispielsweise «Es ist 5 Minuten *vor* 10 oder 5 Minuten *nach* 4. Die Uhr geht *vor* oder *nach*. *Um* 8 Uhr *herum* soll der Unterricht beginnen. *Vorweg* und *hinterher* wird es läuten ...»

Man führt die Klasse erzählend an die Tatsache heran, dass wir ja alle von Eltern, Großeltern, Urgroßeltern, Ururgroßeltern usw. abstammen und dass jede dieser Generationen um etwa 25 Jahre älter ist, also entsprechend früher geboren wurde (man kann auch 30 Jahre Abstand wählen, was der früheren Generationsfolge gemäß wäre, muss dabei aber schwierigere Rechnungen in Kauf nehmen). Nun versucht man, der Anregung folgend, alle Generationen sichtbar zu machen. Ein Kind darf die Gegenwart vertreten und alle Mitschüler als seine Verwandten ansehen, die jeweils um 25 Jahre (bzw. 30 Jahre) älter sind. So wird der nächste Tischnachbar zur Mutter erkoren, der übernächste zum Großvater, ein weiteres Kind zur Urgroßmutter usw. Bei der vierten Generation lässt sich nun verdeutlichen, dass der Betreffende etwa vor 100 Jahren geboren wurde.

Bei diesem Verteilen gibt es viel zu lachen, und zugleich wird darüber gestaunt, dass 40 (bzw. 33 oder 34) Kinder notwendig sind, um 1000 Jahre rückwärts zu blicken. Für noch größere Zeiträume muss man sogar die Nachbarklassen in Gedanken hinzunehmen.

Erzählt der Klassenlehrer dann den Kindern von den verschiedenen geschichtlichen Ereignissen, so warten sie alle gespannt darauf, was wohl in «ihrer» Zeit geschehen sein mag, und da wir sinnvollerweise davon ausgehen, dass die damaligen «Verwandten» ein stattliches Alter erreicht haben, wird jeder in «seinem» Jahrhundert auf seine Kosten kommen.

Bei genauer Betrachtung bietet diese ganze Unternehmung dem Klassenlehrer zugleich eine Möglichkeit, auch im Sozialen der Klasse positiv wirksam zu werden: Da man beim Ernennen der Generationen ja jedem einzelnen Kind sagen muss, wer sein «Vater» bzw. seine «Mutter» sein soll, lässt sich denken, dass man es denen nicht recht macht, die gern persönliche Wünsche durchsetzen wollen. «Nein, der Michael soll mein Vater sein!» wird vielleicht gerufen. Geht man darauf ein, äußern viele spontan ihre Wünsche, und Chaos wie Lärm bleiben nicht aus. Hat man ihnen schon genügend in bildhaften Erzählungen vermittelt, dass es etwas Gutes für eine Gemeinschaft ist, wenn jedes Kind möglichst mit jedem anderen umgehen lernt, so wird die geschilderte Situation kaum auftreten, zumindest aber mit wenig Aufwand zu meistern sein. Andernfalls kann diese Gelegenheit – hier als Beispiel für viele andere stehend – genutzt werden, durch einen guten Einfall des Lehrers ein solches wunschfreudiges Kind zum bereitwilligen Mittun zu bewegen und auf das Allzupersönliche zu verzichten.

Wie es in den anderen Epochen weitergeht

Die beiden dargestellten Epochen – Tierkunde und Heimatkunde – erweitern in diesem Schuljahr den Reigen der Fächer und bilden neue Schwerpunkte. Aus leicht einsehbaren Gründen müssen aber die Deutsch- und die Rechenepochen in möglichst regelmäßigen Abständen immer wiederkehren.

Im *Rechnen* wird der Zahlenraum weit ausgedehnt, die Schüler werden mit den schriftlichen Rechenarten genügend vertraut gemacht, und dann beginnen sie den Umgang mit den Brüchen zu lernen. Jetzt, da sich zwischen ihnen und der Welt auch innerlich ein gewisser Bruch vollzieht, können sie das rechte Verständnis zu den gebrochenen Zahlen gewinnen. Es bleibt aber jedem Klassenlehrer selbst überlassen, wann er damit beginnt. Er muss den für die Kinder richtigen Zeitpunkt abspüren.

Das gilt gewiss für alle Epochen, ganz besonders aber für die Grammatik, und daher wird diese gern an das Ende des Jahres gelegt, wenn das Verständnis der Kinder für die anstehenden Themen am größten sein dürfte.

Die Arbeit an der Sprachlehre ist für Lehrer wie für Schüler eine starke Herausforderung. Es kommt darauf an, alles das ins Bewusstsein zu heben, was bereits seit dem Erlernen der Muttersprache unbewusst in einem lebt und beim Sprechen ständig verwendet wird. In diesem Schuljahr werden die Kinder auf möglichst lebendige Weise mit den verschiedenen Verbformen, also den Konjugationen, vertraut gemacht.

Zwischenbilanz am Ende des vierten Schuljahres

Mit dem Abschluss des vierten Schuljahres klingt die Unterstufenzeit aus, und dies ist zugleich der Moment, in dem Klassenlehrer und Schüler auf die erste Hälfte ihrer gemeinsamen Schulzeit zurückblicken können. Was ist in diesen vier Jahren alles geschehen!? Die Kinder werden vieles zu erinnern wissen und zusammentragen, wenn man mit ihnen darüber spricht. Der Klassenlehrer kann nun auch das Augenmerk auf all das lenken, was einem wichtig erscheint und nicht vergessen werden sollte.

Die Kinder haben sich in den ersten Jahren etliche Fähigkeiten erworben und können wohl – bis auf einzelne, durchaus zu akzeptierende Ausnahmen – schreiben, lesen und rechnen. Ihnen gebührt viel Lob für alles, was sie an Gutem vollbracht haben. Dass die Waldorfschüler viel leisten müssen, soll an dieser Stelle einmal besonders hervorgehoben werden, da man in der Öffentlichkeit vielfach meint, wenn keine Zensuren in Klassenarbeiten und Zeugnissen erteilt werden, könne nicht von «Leistungen» gesprochen werden.[53]

Was vollbringen sie nicht alles in den verschiedenen Künsten! Welche Ausdauer und Mühe wird für die schriftlichen Epochenausarbeitungen in den Heften aufgebracht! Wie fleißig gilt es sich auf Klassenarbeiten vorzubereiten, die dann von der Mittelstufe an immer häufiger zum Abschluss einer Epoche gehören werden! Außerdem gestalten die Kinder doch ihre «Schulbücher» in Form der Epochenhefte eigentlich selbst.

So ist es sehr berechtigt, ihnen zum Abschluss für alles Geleistete Anerkennung auszusprechen. Dieses und jenes, das einem noch verbesserungsbedürftig erscheint, wird sich danach leichter aussprechen lassen und sicherlich auf fruchtbaren Boden fallen. Gegen Ende der gemeinsamen Betrachtung wird der Klassenlehrer vielleicht auch einen kurzen Blick auf das fünfte Schuljahr werfen. «Wenn ihr nach den Ferien wiederkommt, werdet ihr bereits Schüler der Mittelstufe sein», kann er beim Verabschieden in der letzten Schulstunde zu seinen Schülern sagen und dabei erleben, dass das ihrem Selbstbewusstsein guttut.

9. Der Klassenlehrer und seine Vorbereitung

Das neue Schuljahr

Dem Klassenlehrer ist schon während der Sommerferien bewusst, dass in der Mittelstufe von Jahr zu Jahr neue Unterrichtsfächer zu all den bisherigen hinzukommen und zum Teil einer längerfristigen Vorbereitung bedürfen. So wird sich mancher Lehrer vielleicht schon vor Ferienbeginn entsprechende Literatur aus der Bibliothek holen und davon die spannenderen Bücher in den Urlaub mitnehmen. Beispielsweise sind die Themen der ersten Geschichtsepoche – die verschiedenen alten Kulturen und die Lebensweisen der damaligen Menschen – so umfassend, dass man viel lesen muss. Sie sind zugleich aber so interessant, dass man sich unterwegs gern damit beschäftigt, wann immer es die Zeit erlaubt. Die Familie sollte allerdings nicht darunter leiden müssen, und eine Phase der Entspannung nach all den Strapazen der letzten Schulwochen ist ebenfalls dringend notwendig.

Spätestens gegen Ende der Sommerferien wird sich der Klassenlehrer einen großen Überblick über das ganze Schuljahr verschaffen. Welche Epochen in welchen Fachgebieten zu erteilen sind und wie lang die einzelnen sein müssen, wird ihm am Durcharbeiten des Waldorflehrplans als Erstes deutlich. Anhand des Kalenders zählt er nun die Schulwochen, die zur Verfügung stehen, und teilt sie sich so ein, dass jede Epoche sinnvoll darin unterkommt. Das ist nicht immer so einfach, wie man zunächst denkt, da die Ferien oftmals so liegen, dass die Zwischenzeit einem gesunden Epochenrhythmus nicht den nötigen Spielraum lässt.

Zur Arbeit in den Ferien gehört auch, dass man sich möglichst über alle kommenden Epochen einen klaren Überblick verschafft und sich am besten Notizen macht, welche Themen zu behandeln sind, welche Literatur, welche Arbeitsmaterialien man eventuell benötigen wird, welche Literatur man mit den Schülern im Deutschunterricht gemeinsam lesen möchte, ob man ein Theaterspiel und wenn, dann welches, aufführen möchte.

Im fünften Schuljahr werden an vielen Waldorfschulen die Klassenlehrer mit ihren Schülern auch zum ersten Mal auf Klassenfahrt gehen, und eine solche Reise muss wegen der Unterkunft rechtzeitig geplant, auch schon frühzeitig mit den Eltern an einem Elternabend besprochen werden. Am besten geschieht dies bereits im Laufe des vierten Schuljahres. Da solche Fahrten mitunter recht teuer sind, muss rechtzeitig gespart und gemeinsam überlegt werden, wie man denen helfen kann, die nicht den gesamten Betrag aufbringen können.

Das ganze neue Schuljahr ist schließlich in der Seele des Klassenlehrers schon einmal lebendig. Er arbeitet demnach für sich selbst mit der Methode «vom Ganzen ins Einzelne», die bereits oben als bedeutsam für die Arbeit mit den Kindern angesprochen wurde. Während eines solchen Überblicks bemerkt der Klassenlehrer unter anderem, dass sich manche Inhalte einer bestimmten Epoche in Beziehung zu denen einer anderen Epoche setzen lassen.

Dazu ein Beispiel: Spricht man in der Geschichtsepoche vom Leben und von der Kultur der Ägypter und der Griechen, so lenkt man das Bewusstsein der Kinder zugleich in andere Länder und kann das mit vielem verknüpfen, was im Geografieunterricht wieder aufzugreifen sein wird. In den folgenden Jahren werden diese Verknüpfungen noch viel mehr an Bedeutung gewinnen, wenn beispielsweise auch das ins Gespräch einfließen kann, was die Schüler in der Physik und der Chemie gelernt haben. Hier zeigt sich, wie wertvoll es für diese Altersstufe sein kann, von demselben Lehrer in so vielen verschiedenen Fächern unterrichtet zu werden.

Die neue Woche und die neue Epoche

Im Allgemeinen beginnt man eine Epoche am Wochenanfang, und ein Teil des Wochenendes dient der Vorbereitung auf die kommende Woche, in entsprechenden Abständen auch der beginnenden Epoche. Zunächst gibt es einiges aufzuarbeiten, z. B. Klassenarbeiten zu korrigieren, Epochenhefte und Hausaufgaben durchzusehen, sich

Notizen über Mitarbeit und Leistungen der einzelnen Schüler in der abgeschlossenen Epoche aufzuschreiben usw.

Dann erst geht es an das Zukünftige:

Da gilt es zu überlegen, was man im rhythmischen Teil mit den Kindern üben, welche Gedichte und Lieder man an sie herantragen möchte, welche Sprechübungen jetzt angebracht wären, und dann bedarf es des eigenen intensiven Auswendiglernens, um vor den Schülern nicht mit dem Buch in der Hand stehen zu müssen. Fragen sich diese doch sonst unbewusst, warum sie etwas auswendig können sollen, was der Lehrer für sich selbst nicht einmal kann und für nötig hält, es zu lernen.

Beim weiteren Überblicken der kommenden Woche versucht der Klassenlehrer, die einzelnen Epochenthemen auf die einzelnen Tage geschickt zu verteilen, berücksichtigt dabei, dass er am Tag des regelmäßig wiederkehrenden Wasserfarbenmalens ein Motiv bereit hat, das mit dem tags zuvor Besprochenen übereinstimmt, und spannt seinen inneren Bogen der Überlegungen möglichst bis zum nächsten Wochenende. Aus der gesamten Planung ergibt sich somit wiederum die Arbeit für den einzelnen Tag. Freilich kann immer wieder Unerwartetes eintreten, und das ruft zu Geistesgegenwart und innerer Beweglichkeit auf. Mitunter können auch nicht eingeplante Umwege viel besser zum Ziel führen. Insgesamt sind aber gute Planung und Vorbereitung nötig, die dann im rechten Augenblick vielleicht bewusst geändert werden, wie es zu allem künstlerischen Tun gehört.

Wenn eine neue Epoche beginnt, bedarf es zusätzlicher Vorbereitung.[54] Was während der Sommerferien skizziert wurde, war vielleicht nur ein grober Überblick. Jetzt aber geht man ins Detail, erarbeitet sich gründlich die entsprechenden Stellen im Lehrplan, überlegt sich die genaue Reihenfolge der Themen, verteilt sie auf die einzelnen Wochen und bedenkt so manches betreffs der schriftlichen Epochenausarbeitungen. Ist auch hier der große Bogen erst einmal gespannt, kann man sich der schrittweisen Vorbereitung für den nächsten Tag zuwenden.

Die tägliche Vorbereitung

An einem Beispiel aus dem Geografieunterricht der 5. Klasse möge verdeutlicht werden, wie man sich vielleicht auf ein Thema für den nächsten Tag vorbereiten kann. Man hat vor, von den Halligen, ihren Bewohnern und ihrer Lebensweise zu sprechen, und will zugleich verdeutlichen, was es heißt, an der Nordseeküste mit Ebbe und Flut umzugehen. Um davon bildhaft, lebendig, eindrucksvoll erzählen zu können, bedarf es mehrerer Schritte in der Vorbereitung:

Zunächst verschafft man sich genaue Sachkenntnis aus Erdkundebüchern, die dieses Thema überhaupt noch behandeln, und schreibt sich genügend Stichwörter auf. Nun überlegt man sich, wie man daraus eine fortlaufende Erzählung gestalten kann, in der verschiedene Menschen auftreten, die dort wohnen und alles das, was man darstellen möchte, miterleben. So muss man sich als Erzähler ganz in alles hineinfühlen.

Der Ablauf der eigenen Geschichte muss Anfang und Ende haben, Höhepunkte, Spannung und Entspannung beinhalten. In Gedanken hat man schließlich vor Augen, dass man morgen mit der Schilderung einer friedlich daliegenden Hallig im Meer beginnen will, einer Insel ohne Deich, mit Bauern und deren Familien, die seit Jahrhunderten dort einsam wohnen und den Mut haben, so eng verbunden mit den Naturgewalten zu leben. Dann wird man erzählen, wie Ebbe und Flut rhythmisch heranbranden, an dem Land ständig nagen, es stetig zu verkleinern suchen und wie schließlich gewaltige Sturmfluten diese Inseln öfters überfluten, manchmal bis ans Haus herandringen und Mensch und Tier gefährden, ja, in früherer Zeit schon manche Insel versinken ließen.

Hat man diesen Ablauf skizziert, überlegt man sich, wie man in der morgigen Geschichte die verschiedenen Temperamente der Kinder berücksichtigen kann. Schnell wird einem klar, dass man die Choleriker mit dem dramatischen Teil am stärksten ansprechen wird; die Phlegmatiker, die einen ruhigen Zustand bevorzugen, werden beim Schildern der friedlichen Hallig innerlich gut einschwingen und sich wohlfühlen; den Sanguinikern kommt man beim wendigen, erfrischenden Darstellen von Einzelheiten über Ebbe, Flut, Leben und Schulunterricht der Kinder auf der Hallig innerlich entgegen; die Melancholiker können sich gut in die ernste Stimmung der einsam wohnenden Menschen und deren Nöte hineinfühlen. – Am Abend wird man sich nur überlegen, welche Stelle man für welches Temperament andenkt, und wird die eigentliche Ausgestaltung am nächsten Morgen so künstlerisch wie möglich vor den Schülern vornehmen.

Das Inhaltliche hat man nun für sich geklärt, aber zur weiteren Vorbereitung gehört auch die Überlegung, welche schriftliche Arbeit morgen im Anschluss an die Erzählung für die Kinder sinnvoll sein könnte. Lässt man sie ein Bild malen, so wird man dieses selbst skizzieren, dabei alles Wesentliche bedenkend. Sollen sie hingegen das Erlebte zu Hause in Aufsatzform nacherzählen, wäre es vielleicht gut, ihnen Stichwörter zu geben, die man sich in der Vorbereitung notiert. Da von dem zuletzt besprochenen Thema noch die Zusammenfassung fehlt, gestaltet man selbst einen Text, den man tags darauf an die Tafel schreiben oder den Kindern diktieren möchte. Letzteres wird im Laufe der Mittelstufe zunehmend an Bedeutung gewinnen. Hat man in seiner Klasse besonders langsame

Schreiber, wird man sich auch überlegen müssen, welche Sätze sie auslassen, überspringen dürfen und welche so wichtig sind, dass sie jeder zu bewältigen hat. Es ist mitunter gar nicht so einfach, für die Schüler eine längere Geschichte in wenigen Sätzen aufzuschreiben, aber man kann dadurch lernen, sich zur Konzentration, zum knappen Formulieren zu erziehen.

Während der ersten Schuljahre hat es viel für sich, ebenso wie die Schüler zu Hause ein eigenes Epochenheft zu führen. Man kann sich dadurch viel besser in die Kinder hineinfühlen und verstehen, wenn sie plötzlich Schwierigkeiten haben, einen Text geschickt auf dem Blatt anzuordnen, eine besonders große Überschrift zu setzen, auf dem Blatt gleichmäßige Ränder freizulassen oder beim Abschreiben eines Gedichts besonders lange Verszeilen zu bewältigen. Manchen Kindern kann es eine große Hilfe sein, wenn man ihnen vor dem Beginn ihrer Arbeit zeigt, wie man selbst versucht hat, das Problem zu lösen.

Nach all diesen Vorbereitungen gilt es nun noch den Abschluss des Hauptunterrichts, den Erzählteil, zu bedenken. Sicherlich hat man sich in den Sommerferien einen Überblick verschafft, welche Märchen, Legenden, Mythen, Sagen man in dem jeweiligen Schuljahr seinen Schülern erzählen möchte. Aus der Fülle sucht man sich diejenigen aus, zu denen man ein Verhältnis gefunden, sich vielleicht auch in deren Bilder verständnisvoll eingelebt hat. Lesend vertieft man sich beim Vorbereiten zunächst in die Bilderfolge, prägt sich alles Wesentliche genügend ein und kann sich nun kurz ausmalen, wie man morgen die einzelnen Abschnitte den verschiedenen Temperamentsfärbungen entsprechend gestalten möchte. Es ist auch gut, sich schon jetzt zu überlegen, welche Kinder man dann zum Nacherzählen bitten möchte, denn hierbei kann man ebenfalls die Temperamente berücksichtigen, allerdings im entgegengesetzten Sinn: Den Choleriker lässt man tags darauf nacherzählen, was man heute im phlegmatischen Stil vorgetragen hat, und umgekehrt; ebenso verhält es sich mit dem Sanguiniker und dem Melancholiker. Da im achten Schuljahr mit den Schülern die verschiedenen Stilarten den Temperamenten entsprechend zu behandeln sind, werde ich unten (siehe S. 200ff.) ausführlicher auf die Temperamentenlehre eingehen.

Die tägliche Nachbereitung

Die tägliche Nachbereitung beginnt eigentlich schon bei der Verabschiedung an der Tür, wenn man den Kindern die Hand reicht, sie anblickt und dabei abspürt, ob man sie vielleicht überanstrengt hat, oder nach dem Rechnen eventuell einen Schüler leise fragt, ob er alles verstehen konnte.

Zu Hause wird man sich noch einmal über den gesamten Unterrichtsablauf Rechenschaft ablegen, bevor es an die neue Vorbereitung geht. Da war beispielsweise ein Kind in einem bestimmten Augenblick des Unterrichts ärgerlich geworden. Nun versucht man sich die Situation noch einmal genau vorzustellen, und plötzlich geht einem ein Licht auf: Es hatte sich mehrfach gemeldet, wollte freudig auf die gestellten Fragen eingehen, wurde aber nicht dazu aufgerufen und fühlte sich daher übersehen, in seiner Aktivität gelähmt und machte seiner Enttäuschung auf cholerische Weise Luft. Ganz verständlich! Morgen wird man Gelegenheit haben, anders auf dieses Kind einzugehen. Da sich bei den heutigen Fragen aber jedes Mal viele Schüler gemeldet hatten, konnte man auch andere nicht aufrufen, und so nimmt man sich für den nächsten Tag zugleich vor, liebevoll seine Klasse wieder einmal darauf aufmerksam zu machen, dass es Fragen gibt, bei denen sich fast alle melden, und dass man dann nur einen auswählen kann und dadurch vielleicht einige enttäuschen wird, was einem sehr leid tut. Die Erfahrung zeigt, dass man damit auf gutes Verständnis seitens der Schüler stößt.

Auch wenn ein Kind einmal frech wird, liegt häufig die Ursache darin, dass es sich zu wenig oder nicht richtig beachtet fühlt und daher auf diese Weise auf sich aufmerksam machen will. Auch diesbezüglich wird man in der Nachbereitung aufschlussreiche Entdeckungen manchen können.[55]

Um sich in die Kinder der verschiedenen Altersstufen innerlich hineinfühlen und ihr jeweiliges Verhalten besser verstehen zu können, kann folgende Übung für den Lehrer wie auch für die Eltern sehr hilfreich sein: Man vergegenwärtige sich, wie man sich selbst fühlte und wie man war, als man im entsprechenden Alter war. Man versetzt sich in die eigene Kindheit zurück, ruft gleichsam Kindheitskräfte in sich wach und kann so einen ganz neuen Zugang zu den Seelenkräften der Kinder finden.

Die abendliche Vorbereitung

Bisher wurde dargestellt, wie man sich als Klassenlehrer auf den Unterrichtsstoff vorbereitet, auch wurde schon besprochen, wie man immer wieder versucht, sich ein Menschenbild zu erarbeiten, das einen befähigt, im rechten Augenblick vor den Kindern die richtigen Eingebungen zu bekommen. Eine wichtige Frage ist nun: Kann man sich in der Vorbereitung auch auf die Kinder in besonderer Weise einstellen?

Allabendlich stellt man sie sich einzeln vor das innere Auge, lässt alles gemeinsam Erlebte noch einmal Revue passieren und bemüht sich, es zu einem Bild zu verdichten, das heißt, man stellt sich vor, wie sie sich bewegen, melden, erheben, hinsetzen, einem die Hand geben, wie sie schreiben, lächeln, sprechen, was sie schnell oder langsam erfassen, wie sie rechnen. Man bekommt darin mehr und mehr Übung, auch wenn es einem am Anfang vielleicht als sehr zeitaufwendig erscheint. So gelangt man zu einem umfassenden Bild seiner Klasse, und die Kinder leben gleichsam im Bewusstsein ihres Lehrers. Alles, was man so in einzelnen Schritten vorbereitet hat, kann man zum Abschluss noch einmal konzentriert in sein Bewusstsein nehmen und tief durchfühlen. Als «Meditation» kann man diesen Vorgang auch bezeichnen.

Jeder Klassenlehrer, dem es zum Anliegen geworden ist, sich mit der Geisteswissenschaft Rudolf Steiners, der Anthroposophie, intensiver zu beschäftigen, wird weitere Übungen und Inhalte kennen, mit denen er sich auf meditative Weise regelmäßig beschäftigt, was zwar nicht unmittelbar mit dem Unterricht in Beziehung steht, sich in dem Verhältnis zu den Kindern jedoch spürbar auswirkt.

Am nächsten Morgen wird der Klassenlehrer das, was er sich erarbeitet hat, in sein Gedächtnis zurückrufen, sich auch die Kinder noch einmal kurz vorstellen und dann – wie Rudolf Steiner es einmal ausdrückte – seinen inneren «Privatmenschen» an der Garderobe außerhalb der Klasse belassen.[56]

10. Das fünfte Schuljahr

Der Eintritt in die Mittelstufe

Wer mehrmals eine Klasse acht Jahre hindurch geführt hat, wird sicherlich die Erfahrung gemacht haben, dass einem die Kinder im fünften Schuljahr besonders harmonisch vorkommen. Sie durchschreiten in dieser Zeit gewissermaßen die Mitte der Kindheit. Wie antwortet der Unterricht der Waldorfschule auf diese Situation? Welche Aufgaben stellen sich dem Klassenlehrer?

An neuen Fächern springt einem besonders die Geschichte ins

Auge. In der Biologie wird der Blick der Kinder noch einmal auf die Tiere gelenkt, dann aber zum ersten Mal auch auf die stumme Welt der Pflanzen – immer im Zusammenhang mit dem Menschen. Die Heimatkunde wird jetzt abgelöst vom Geografieunterricht, in dem Mitteleuropa im Blickpunkt steht. Erste Betrachtungen der Sternenwelt mit ihren am Himmel zu entdeckenden «Bildern» werden einige Lehrer vielleicht während der ersten Klassenreise, die mit großer Spannung von den Kindern erwartet wird, ausführen.

Als Erzählstoff rückt in der 5. Klasse die griechische Mythologie in den Mittelpunkt, aus deren umfangreichem Sagengut Wesentliches ausgewählt wird.

Gegenüber der Unterstufe muss der Klassenlehrer also Epochen geben, die ihm ein umfangreicheres Wissen und Können abverlangen, und das bedeutet, dass er alles daransetzen muss, sich rechtzeitig in diese Gebiete einzuarbeiten. Vor allem gilt es auch, Interesse für all diese Dinge in sich zu entfachen, denn wie soll er bei den Kindern Begeisterung oder wenigstens Interesse für eine Sache wecken, wenn er sich nicht selbst dafür erwärmt hat?

Fasst er seine Erziehungsaufgabe als ein ständiges «Muss» auf, so kann ihm das Unterrichten leicht zur Qual werden. Sollte es stattdessen – jedem Zweifelnden zum Trotz – nicht möglich sein, sich freudig in die Stimmung eines «Du darfst» zu versetzen? Ist es für ihn denn nicht eine großartige Gelegenheit, vieles, was er bisher im Leben nicht genügend vertiefen konnte, für seine Schüler neu lernen zu dürfen? Mit einer solchen Grundhaltung wird sich der Klassenlehrer mit den verschiedenen Unterrichtsinhalten ganz anders, viel intensiver verbinden können.

Die neuen Epochen – ein Blick nach innen und nach außen

Der Sprung in die Geschichte der alten Kulturen

Bevor die erste Geschichtsepoche beginnt, kommt es für den Klassenlehrer darauf an, zu diesem so umfangreichen Gebiet das rechte Verhältnis zu finden, und zunächst kann es so scheinen, als müsste er überfordert sein. Durch entsprechende Literatur bekommt er aber schnell einen Überblick und im Weiteren sehr gute Anregungen, in sich selbst anschauliche Bilder vom Leben der Menschen in den verschiedenen großen Kulturen der Vergangenheit zu erzeugen.[57] Will er den Kindern beispielsweise lebhaft schildern, wie im alten Ägypten die Menschen alljährlich die Überschwemmung des Nils erlebten, wie sie danach das Land wieder zu vermessen, die Felder neu einzuteilen und mithilfe großer Schöpfräder und weiterer Anlagen zu bewässern hatten, so kommt es für ihn darauf an, dass er sich das alles vorher entsprechend innerlich vorgestellt, ja ausgemalt hat. Man kann vom Bau der Pyramiden so erzählen, dass die Zuhörer das Gefühl haben, unmittelbar dabei zu sein, das großartige soziale Miteinander des bauenden ägyptischen Volkes mitzuerleben, und man selbst taucht während des Darstellens ganz in das Bild ein, das man vermitteln möchte.

Eine Fülle weiterer interessanter Themen lässt sich auf ähnliche Weise anschließen, dazu geeignet, Lehrer wie Schüler in Erstaunen, wenn nicht sogar in Begeisterung zu versetzen, wenn man sie nur genügend bildhaft umzugestalten versteht. In diesem Schuljahr kommt man – in insgesamt zwei Epochen – bis zur Schilderung der griechischen Geschichte.

Eintauchen in die griechische Mythologie

Da der Klassenlehrer täglich im Erzählteil griechische Sagen schildert, ist er mit dem Leben und der Kultur dieses Volkes immer wieder beschäftigt und kann auch beobachten, dass die Klasse bezüglich ihrer inneren Entwicklungsphase und der gesamten Grundstimmung so manches darlebt, was sich mit der griechischen Zeit der Menschheit vergleichen ließe.

Wenn man sich in diese interessante Sagenwelt einarbeitet, sollte man sich auch um ein Verständnis der geistigen Hintergründe dieser Bilder bemühen. Wie anders wird hier von den Göttern und ihren Taten berichtet, und wie anders klingen auch die Schilderungen vom Heldentum der Heroen! Der Klassenlehrer muss sich demnach in seiner Erzählweise wieder innerlich umstellen und auf eine andersartige Bildhaftigkeit einstellen. Dadurch lernt er mit seinen Schülern gemeinsam in deren «griechische Grundstimmung» einzutauchen und sie von innen heraus zu verstehen.[58] Die Erarbeitung und die daran anschließende künstlerische Darstellung des Unterrichtsstoffs erlangen gleichsam die Bedeutung, einen Brückenbogen von Lehrer- zu Schülerseele schlagen zu können, und ein solches Tun vermag Begeisterung zu entfachen, die wiederum die Arbeit beflügelt.

Pflanzenkunde – in der Natur waltende Weisheit

Nicht jeder Lehrer bringt von Anfang an der Pflanzenwelt ein reges Interesse entgegen, und doch ist es das Anliegen der Waldorfpädagogik, sie so darzustellen, dass die Schüler einen richtigen Zugang zu diesen so bedeutsamen Lebewesen finden können. Ist der Klassenlehrer nicht damit überfordert, sich auch noch in dieses umfangreiche Wissensgebiet einzuarbeiten?

Als Rudolf Steiner 1919 die ersten Waldorflehrer dazu anregte, sich bis zum nächsten Tag zu überlegen, wie man die Kinder an die Welt der Pflanzen heranführen könnte, erlebten diese tags darauf, nachdem die Kollegen verschiedene Gedanken geäußert hatten, eine Überraschung: Er gab die Anregung, bereits im fünften Schuljahr die gesamte Stufenleiter des Pflanzenreichs mit den Schülern zu besprechen, und zwar so, dass die einzelnen Sprossen in Beziehung zu den kindlichen Seelenerlebnissen verschiedener Altersstufen gesetzt werden.[59] Für den Klassenlehrer ist dies eine interessante Aufgabe; er wird sich einen großen Überblick verschaffen und zugleich von den verschiedenen Pflanzenstufen das Wesentliche erarbeiten.[60] Eine plastische Schilderung der Pflanzenkundeepoche und der dazu notwendigen Vorbereitung hat Christoph Gögelein gegeben.[61]

Hat man mit den Schülern erst einmal eine «vollkommene» Pflanze besprochen, die alle nur möglichen Pflanzenorgane – von der Wurzel über Keimblatt, Stängel, Blatt bis hin zu Kelch und Blüte mit all ihren Gliedern – auszubilden vermag, so lässt man vor ihnen die eindrucksvolle Welt der Pilze erstehen, die wie Säuglinge von der «Mutter Erde» ernährt werden und im Unterrichtsgespräch verglichen werden können mit den Seelenerlebnissen ganz kleiner Kinder. Man selbst lernt dabei viele Pilzarten kennen und kann nur darüber verwundert sein, dass es einen solchen Formen- und Farbenreichtum gibt.

Über die Algen, Tange, Flechten mit all ihren Unterarten steigt man weiter hinauf zu den Moosen, dann zu den Farnen und Schachtelhalmen, wobei man staunen lernt, was jeweils die nächsthöhere Stufe gegenüber der vorigen hervorzubringen vermag. Wie anders schaut man auf ein Farnkraut, wenn einem erst einmal deutlich geworden ist, dass es vor allem Blätter bilden möchte! Der Schachtelhalm hingegen verwendet wohl alle Kraft dazu, nur Stängel zu formen. Dass er wie ein kleiner Tannenbaum aussieht, läßt bereits die nächste Pflanzenstufe, die «Nacktsamer», vorausahnen. Es kann einem große Freude bereiten, den eigenen Blick wie den der Schüler auf diese Weise für die Natur zu öffnen; die Kinder dürfen hier auch viel nacherzählen, beobachten, zeichnen und vergleichen.

Kommt man schließlich bei den Blütenpflanzen an, gilt es deutlich zu machen, dass die Frühjahrsboten (Liliengewächse, Monokotyledonen) mit ihren Zwiebeln noch nicht zwischen Kelch- und Blütenblättern unterscheiden, auch keine echten Wurzeln bilden können. So sind die Schüler darauf gespannt, welche Pflanze den krönenden Abschluss dieser ersten Pflanzenkundeepoche bilden wird. Es ist die Rose, die tief in der Erde wurzelnd jedes Organ im Jahreslauf ausbildet und ganz besondere Blüten und Früchte hervorbringt.[62]

Ich habe diese Epoche gern im Herbst gegeben, da sich dann im Wald besonders viele Pilze, aber auch all die anderen niederen Pflanzen, wie Flechten, Algen, Moose und Farne, finden lassen. Nachdem die Kinder diese Arten im Klassenzimmer genügend kennengelernt hatten, machten wir einen Ausflug, der für mich freudige Überraschungen brachte. Während sie früher bei Spaziergängen dieses und jenes sammelten und mir zeigten, streiften sie diesmal entdeckerfreudig durch den Wald und sahen nur noch Pilze, Flechten usw., also alles das, wofür ihnen die Augen geöffnet worden waren. Eifrig wurde gesammelt (mit entsprechenden Vorkehrungen wegen der womöglich giftigen Pilze). Immer wieder kamen die Kinder zu mir gerannt, um beglückt das Gefundene zu zeigen, aber auch um nach dem jeweiligen Namen zu fragen, was für mich nicht immer einfach war. Zum Glück hatten wir Bestimmungsbücher mit, in denen sie dann – unter etwas Anleitung – selbst auf die Suche gehen durften und sehr befriedigt waren, wenn sie ihre Pflanze darin wiederfanden. Wir hatten den richtigen Zeitpunkt für diesen Ausflug gewählt: noch war alles Wissen bei den Kindern innerlich lebendig. Bei späteren Spaziergängen war ihr Blick dann wieder auf anderes gelenkt, sodass nur noch vereinzelt ein Schüler kam, um mir eine dieser Pflanzen zu zeigen.

Solch eine etwa vierwöchige umfangreiche Epoche ist sicherlich arbeitsaufwendig, aber dafür sehr eindrucksvoll für alle, auch für die Eltern, wenn der Klassenlehrer ihnen an einem Elternabend davon berichtet. Die Kinder können während dieser Zeit an ihrem Lehrer erleben, dass er sich auch für die Natur, die darin waltende Weisheit und ihre Schönheiten interessiert. Das wiederum stärkt ihr Vertrauen in seine ganze Persönlichkeit.

Weitere Epochen

In den *Deutschepochen* werden die Schüler an geeignete Literatur herangeführt, die Thematik wird mit ihnen gründlich durchgearbeitet, und sie werden auch zu Gesprächen und kleinen Aufsätzen angeregt.

In der Grammatik geht es in diesem Schuljahr darum, die Kinder auf die Unterschiede von Aktiv und Passiv so hinzuweisen, dass sie ihnen zum Erlebnis werden. Dazu könnte ein einführendes Gespräch über ihre frühe Kindheit, das bereits in der Pflanzenkunde begonnen wurde, beitragen. Es sollte ihnen deutlich werden, wie uns allen zu Beginn unseres Lebens geholfen wurde und wir nur Empfangende (also passiv) waren, wie aber in der Gegenwart und Zukunft viel davon abhängen wird, dass wir aktiv die Aufgaben anpacken und in die Tat umsetzen. Danach können die Schüler die verschiedenen Verbformen finden und üben. Wichtig ist, dass sie auch grammatikalische Regeln auswendig lernen und dazu Beispiele selbstständig finden.

Außerdem sollen die Schüler genügend Fähigkeiten im Vorlesen und Abschreiben von Texten wie auch beim Diktatschreiben und Abfassen von Aufsätzen erwerben. Den richtigen Zeitpunkt, um diesbezüglich mit einem intensiveren Üben zu beginnen, muss der Klassenlehrer für seine Klasse herausfinden.

Im *Rechenunterricht* lernen die Kinder die Welt der Brüche und Dezimalbrüche von allen Seiten kennen. Viele Aufgaben denkt sich der Lehrer selbst aus, achtet dabei auf die langsameren Rechner und hält auch für die schnellen und gewandten Schüler genügend «Futter» bereit. Gemeinsame schriftliche Übungsarbeiten, die er dann einsammelt und korrigiert, helfen ihm, sich ein genaues Bild davon zu machen, wo jeder Schüler steht. Wenn die Klassenarbeiten erst hier erwähnt werden, bedeutet das jedoch nicht, dass sie nicht schon längst zur Gewohnheit geworden sind.

Für die gesamte Zusammenarbeit mit den Eltern kann es sinnvoll sein, dass der Klassenlehrer rechtzeitig mit ihnen über seine Arbeitsmethoden spricht und ihnen Anregungen für das häusliche Üben gibt, damit auch weniger begabte, vielleicht sogar rechenschwache Kinder gezielte Hilfen bekommen. Es gibt sogar Übungen, die er mit solchen Kindern bereits in den ersten Schuljahren regelmäßig morgens im rhythmischen Teil des Hauptunterrichts durchführen kann – ganz unauffällig, indem er immer andere Kinder mitüben lässt.

In der *Geografie* beschäftigt sich die 5. Klasse mit Mitteleuropa, also mit Deutschland und seinen Nachbarn.[63] Die Landschaften und die Art und Weise, wie deren Bewohner dort ihre Wirtschaft betreiben, sollen vor dem inneren Auge der Schüler erstehen, wobei es Karten zu zeichnen und charakteristische Bilder zu malen gibt.[64] Die Kinder sollen aber auch in der Kartenkunde bewandert sein. Dazu ein Beispiel: Sollen Schüler einer Hamburger Schule herausfinden, wo die

Stadt Basel auf der Karte zu finden ist, so lässt man sie darstellen, wie man dorthin kommt, welche Flüsse und Gebirge zu überqueren sind und welche anderen Städten man dabei passiert, schließlich auch, wie viel Raum zwischen Hamburg und Basel zu durchmessen ist. Den Kindern wird so ein völlig anderes Raumgefühl zu eigen, sie verbinden sich anders mit der Erde – und darum geht es, auch in den nächsten Geografieepochen.

Ein besonderes Erlebnis möge die Darstellungen über die Epochen des fünften Schuljahres abschließen: Beim Betrachten der verschiedenen deutschen Landschaften beschäftigte uns, dass die Menschen überall andere Dialekte sprechen, die deutsche Sprache also in ganz unterschiedlichen Färbungen auftritt. Meine aus der Kindheit stammende Freude und Möglichkeit, einige Dialekte ein wenig sprechen zu können, ließ sich auf die Schüler übertragen, sodass wir uns damit befassten, neun verschiedene Dialekte einzuüben und in Form von humorvollen Anekdoten auf einer Monatsfeier vorzutragen. Es war wie ein Fremdsprachenunterricht mit dem Ziel, sich in andere Menschen und deren Volkstum, Wesensart, ja Eigenart einzuleben und sie besser verstehen und achten zu lernen.

Beim Fasching des fünften Schuljahres hatten wir uns ein Thema aus der griechischen Geschichte gewählt: Die Klasse war entsprechend dekoriert, so manche von den Schülern ausgeführte Ornamentik zierte die Wände. Und dann kam der große Tag: Alle erschienen in entsprechendem Gewand und stellten für Stunden dar, was sie als Seelenstimmung das ganze Jahr hindurch in sich trugen: «harmonische Griechen».

Die erste Klassenreise

Im Allgemeinen planen die Klassenlehrer ihre erste Klassenreise für das fünfte Schuljahr – Ausnahmen bestätigen auch hier die Regel. Trägt man seine konkreten Absichten an einem Elternabend vor, so entstehen Fragen nach dem Ziel, nach Zeitpunkt und Zeitdauer, nach den Kosten usw., vor allem aber nach der Bedeutung einer solchen Reise. Es kommt auch vor, dass Eltern dem Lehrer eine schöne «Freizeit» wünschen, die sie ihm von Herzen gönnen wollen. Manchmal wird sogar nach einer Reise gefragt, ob man sich denn auch gut erholt habe ... Davon kann sicherlich keine Rede sein, wenn man den ganzen Tag und den Abend gestaltet und gar morgens noch unterrichtet, was nachts zuvor vorbereitet werden muss.

Die hauptsächliche Bedeutung einer gemeinsamen Reise kann wohl darin gesehen werden, dass sich die Kinder während dieser Zeit untereinander viel intensiver begegnen, sich besser verstehen und gegenseitig schätzen lernen, dabei soziale Fähigkeiten erüben und als Klasse ganz neu zusammenfinden. Als Lehrer kann man mit seinen Schülern zum ersten Mal tags und nachts zusammensein, sie dabei von ganz neuen Seiten kennenlernen, mit ihnen bei Spaziergängen zwanglos plaudern usw. Auch sie erleben in diesen Tagen ihren Lehrer einmal ganz anders.[65]

Unterricht während der Klassenreise? Man kann damit sehr gute Erfahrungen machen! Beispielsweise bietet sich eine sehr gute Gelegenheit, erste Astronomie zu betreiben, indem man morgens die Schüler in die Erlebnisse und Beobachtungen einführt, die abends unter dem Sternenhimmel von allen nachvollzogen werden können. Da kann man vom Großen Bären mythologisch erzählen, das Sternbild an die Tafel zeichnen,[66] sodann beschreiben, wie man den Polarstern und von da ausgehend all die Sternbilder findet, die für uns im Norden nie untergehen (die sogenannten «Zirkumpolarsterne»), dann die Schüler im Epochenheft alles nachzeichnen lassen. Die Schüler freuen sich sehr auf Nachtwanderungen, und wenn sich der Sternenhimmel wirklich zeigt, können ihnen die ersten Beobachtungen zu unvergesslichen Erlebnissen werden. Hat man erst einmal den geeigneten, möglichst höher gelegenen Ort gefunden, wird man von den Kindern förmlich umringt, weil sie den gleichen Blickwinkel einnehmen möchten, und nicht selten tauchen bei dieser Gelegenheit sehr interessante, auch geistreiche Fragen auf. Bei den nächsten Klassenreisen kann man die Gelegenheit nutzen, die Erkenntnisse schrittweise zu erweitern, umfangreichere Beobachtungen anzuschließen und bei der letzten eventuell ein Fernrohr zu verwenden.[67] Einige Eltern haben nach solchen Reisen berichtet, sie hätten inzwischen von ihren Kindern gelernt, sich am Abendhimmel zu orientieren.

Viel Wertvolles für die Bildung einer guten Klassengemeinschaft wird auch durch die abendlichen Veranstaltungen geleistet. Hier hat man die Möglichkeit, gemeinsam zu spielen oder zu singen, Volkstanz zu pflegen, Geschichten vorzulesen, am Klassenspiel zu arbeiten oder «bunte Abende» mit eigenen Beiträgen der Schüler einzurichten. Während sich die Klasse bei Wanderungen verständlicherweise in viele kleine Gruppen auflöst, in langen Schlangen dahinzieht – mit einer «Trödelgruppe» am Schwanzende –, ist man hier auf engem Raum beisammen und begegnet sich umso intensiver. Man stelle sich einmal vor, was in den Mädchen und Jungen vorgeht, wenn man den ersten Volkstanz eingeübt hat und nun darum bittet, jemanden zum Tanz aufzufordern.

Als ich vor zwei Jahren die Gelegenheit hatte, bei einer 5. Klasse als Begleiter mitzugehen und einen Volkstanz einzustudieren, sollten die Jungen die Mädchen auffordern. Alle blieben sitzen, auch nachdem ich ihnen gezeigt hatte, wie man es macht. Als ich dann die Mädchen bat, die Sache in die Hand zu nehmen, sprangen sie auf und lösten mühelos das Problem. Tags darauf kamen dann allerdings etliche von ihnen und meinten, am heutigen Abend seien die Jungen an der Reihe und dürften sich nicht wieder drücken, auch seien sie gespannt, wer sie wohl auffordern würde.

Der Klassenlehrer wird in den nächsten Schuljahren weitere Reisen mit seinen Schülern durchführen, und dabei lässt sich alles Veranlagte aufgreifen und vertiefen. Wenngleich die Schüler mitunter wünschen, noch einmal in dasselbe Heim zu fahren, spricht doch vieles dafür, ein neues Reiseziel und einen anderen inneren Schwerpunkt anzudenken. Beispielsweise sollte meine Klasse einmal erleben, wie man sich auf einer Nordseeinsel fühlt, wenn einem das Haus ganz allein zur Verfügung steht und man für Essen wie für Reinigung selbst zu sorgen hat. Man kann nur darüber staunen, welch interessante Reisen Klassenlehrer mit ihren Klassen durchführen, vor allem im achten Schuljahr; das setzt zum Abschluss der gemeinsamen Schulzeit sicher noch einmal einen nicht zu unterschätzenden Akzent: von Erkundungs- und Kanufahrten bis hin zu Hochgebirgstouren und großen Auslandsreisen.

11. Das sechste Schuljahr

Innere und äußere Umbrüche im zwölften Lebensjahr

Das fünfte Schuljahr wurde als besonders harmonisch dargestellt. Das folgende sechste ist dagegen eine Phase großer Umwandlung. Der Klassenlehrer muss sich auf die sich verändernden Kinder und die damit verbundenen Aufgaben einstellen.[68]

Im Laufe des sechsten Schuljahres lässt sich beispielsweise beobachten, dass mehrere Schüler sich morgens nach dem Betreten der

Klasse in kleinen Gruppen zusammenfinden, viel miteinander zu besprechen haben und dabei ungestört bleiben möchten. Plötzlich entdeckt einer von ihnen, dass ein Lehrer naht, und sofort wird zur Vorsicht gemahnt: «Er kommt!»

Schon bei der Begrüßung merkt man ihnen an, dass so manches in ihnen vorgeht, über das sie nicht mehr mit dem Klassenlehrer sprechen würden. Andere Schüler kommen hingegen noch lange Zeit unbefangen auf einen zu. Weiterhin wird bemerkbar, dass die Schüler zusehends kritischer werden, dass sie schneller und eindringlicher kundtun, wenn ihnen etwas missfällt oder sie einen Wunsch verwirklicht haben möchten. Bei manchen beginnt sich die Art ihrer Bewegungen zu verändern, bis hin zu ersten Schlaksigkeiten der Jungen oder Koketterien der Mädchen, wie sie dann in der Pubertät allgemein üblich sind. Ich beobachtete unter anderem bei diesem Alter, wie einige Jungen, wenn sie vor die Klasse treten sollen, um sich dort in einer Reihe mit anderen für das Sprechen des Zeugnisspruches aufzustellen, anfangen, ihre Hände in die Hosentasche zu stecken, sich am liebsten hinter einen Mitschüler stellen oder an die Wand lehnen wollen.

Andererseits erwacht in diesem Alter eine wesentliche neue Fähigkeit: das kausale Denken, das heißt Ursachen und Wirkungen gedanklich in Beziehung setzen zu können. Dies wird eine ganz besondere Rolle in den jetzt einsetzenden naturwissenschaftlichen Unterrichtsfächern spielen.

Dem Klassenlehrer wird nun deutlich, dass die Zeit zu Ende geht, in der die Schüler sich mit allen Dingen vertrauensvoll an ihn wenden, um den Rat der Autorität zu hören. Einige beginnen sich dementsprechend schon früh abzusetzen, andere lassen sich noch viel Zeit – ganz individuell. Es kommt bestimmt der Zeitpunkt, an dem die Schüler auch anders angesprochen werden wollen und sie es einem verübeln, wenn man sie noch immer als «Kinder» auffasst. Dies ist natürlich von Klasse zu Klasse, von Schule zu Schule und von Land zu Land etwas verschieden.

So muss sich der Klassenlehrer noch einmal einen gehörigen Ruck geben und für die letzten drei gemeinsamen Jahre einen dem Alter entsprechenden Unterrichtsstil entwickeln. Sehr hilfreich kann ihm hierfür der jetzt einsetzende Physikunterricht sein, wenn er sich selbst erst einmal für alles Naturwissenschaftliche aufschließt, indem er nach goetheanistischer Methode Phänomene betrachten und verstehen lernt und dabei unweigerlich sein eigenes Interesse so entfacht, dass die Schüler es spüren und es ihm durch eine neue Art von Achtung danken. Vielseitige Interessen möchte man bei ihnen veranlagen, «Weltinteresse wecken», aber wodurch sollte dies möglich sein, wenn es nicht in diesen Jahren besonders vom Lehrer vorgelebt wird? Eigentlich müssten heute, im Zeitalter der Elektronik, alle Menschen über solche Kenntnisse von naturwissenschaftlichen und technischen Vorgängen verfügen.

In diesem Schuljahr weitet der Klassenlehrer seinen Fächerkanon erheblich aus, muss jedoch immer im Bewusstsein haben, dass er kein Spezialist ist und es auch nicht sein kann. Den Kindern zuliebe, die das für ihre Entwicklung brauchen, versucht er aber, ein «universeller Geist» zu werden, wie es Georg Kniebe formuliert.[69]

Die Kinder haben begonnen, sich zu verwandeln, und auch der Lehrer muss es tun, muss innerlich mit ihnen jede Stufe durchlaufen, darf nicht der Gleiche bleiben wollen. Die ganze Art, zu ihnen zu sprechen, sich ihnen gegenüber zu verhalten, muss er schrittweise ändern, nur so kann er mit ihnen in innerer Verbindung bleiben.

Die neuen Epochen – Blicke in die Außenwelt

Aus der ersten Physikepoche

Hat man zu Beginn der Physikepoche die Schüler zunächst in die Phänomene der Akustik, also des Hörens, eingeführt, kommt man im Zusammenhang mit der Optik nach der Behandlung der Komplementärfarben etwa an folgende Fragen: Wie kommt es, dass wir den eigentlich schwarzen Himmel und so manches Meer blau bis tiefblau, Sonnenuntergänge dagegen erst gelb, dann orange, schließlich rot erleben? Und wieso erscheinen einem abendlichen Spaziergänger die Fenster weit entfernter Häuser rötlich? Woher kommen die Farben auf Seifenblasen und Ölpfützen?

Mit solchen Fragestellungen beginnend, lassen sich beispielsweise den Schülern die zwei folgenden Versuche vorführen, wobei es zunächst rein um das Beobachten geht. Man stellt auf dem Experimentiertisch eine möglichst schmale Glaswanne auf, die mit Wasser gefüllt wird. Man kann hindurchsehen, den Hintergrund erkennen. Nun hält man hinter die Wanne eine größere elektrische Lampe oder auch eine starke Taschenlampe und lässt feststellen, dass einem das Licht weiß erscheint, wie man es auch erwartet hat. Gießt man nun aber langsam irgendein Trübungsmittel, beispielsweise Milch, hinein, sieht man die Lampe erst gelb und bei größer werdender Trübung orange, dann rot leuchten.

Es ist nun sehr sinnvoll, die Kinder die Versuchsanordnung und den Ablauf mit eigenen Worten möglichst genau aus dem Gedächtnis wiedergeben, aufschreiben und zeichnen zu lassen. Erst am nächsten Morgen geht es darum, das entsprechende Gesetz herauszuarbeiten, es in Worte zu kleiden und zu notieren, wobei Ursache und Wirkung in Beziehung zu setzen sind. Die Schüler werden erkannt haben, dass ein weißes Licht, wenn man es durch eine Trübe anschaut, zu den Farben Gelb bis Rot abgemildert wird. Das lässt sich nun auch am Abendhimmel bei Sonnenuntergang auf vielfältige Weise immer wieder beobachten, darüber hinaus aber auch, wenn eine Glühlampe rot oder orange glimmt oder die weit entfernten, an sich weißen Fenster durch die eintrübenden Gardinen rot erscheinen.

Nun wird die Wanne erneut mit Wasser gefüllt, dahinter eine schwarze Pappe oder schwarzer Stoff befestigt und das Ganze von der Betrachterseite aus beleuchtet. Zunächst erscheint der Rücken der Wanne schwarz. Fügt man nun wie im vorigen Versuch langsam ein Trübungsmittel hinzu, beginnt sich die schwarze Rückwand in ein Tiefblau, dann mehr und mehr in verschiedene Blautöne umzufärben.

Die Schüler können tags darauf das Gesetz formulieren, dass eine Finsternis sich durch darauf scheinendes Licht zum Blau aufhellt. Sie haben im goetheanistischen Sinne zwei Urphänomene kennengelernt und vermögen daraufhin alle ähnlichen Erscheinungen zu erkennen und zu verstehen, was Lehrer wie Schüler auch in Staunen versetzen kann: Der an sich finstere, schwarze Kosmos zeigt sich uns Menschen in blauer Farbe, desgleichen die finsteren Tiefen bestimmter Meere und Seen! Die Schüler können im Physikunterricht demnach erleben, dass Farben zwischen Licht und Finsternis entstehen, und das wird sich ihnen später durch Versuche mit Prismen von einer weiteren Seite her noch einmal bestätigen.[70]

Das Thema von Licht und Schatten kann auch in dem wöchentlich stattfindenden Zeichenunterricht (das Malen mit Wasserfarben wird für zwei Jahre unterbrochen) als *Hell-Dunkel-Zeichnen* vertieft und ins Künstlerische umgesetzt werden. Hat man doch gemeinsam erlebt, dass starkes Licht tiefschwarze Schatten hervorruft. Beim Zeichnen wird dann deutlich, dass es auf Kontraste ankommt, dass das Weiß des Zeichenblattes viel weißer wirkt, wenn man ein kräftiges Schwarz dagegensetzt. Die Bedeutung von Licht und Finsternis wird erneut zum Erlebnis.

Erlebnisse in der ersten Gesteinskunde

Auch bei der Gesteinskunde kann man mithilfe einer phänomenologischen Betrachtungsweise einen sinnvollen Ansatz für diese Altersstufe finden. «Licht und Finsternis» war bereits ein wichtiges Motiv in der vorigen Betrachtung. Geht man mit diesem Schlüssel in der Gesteinswelt auf die Suche, so entdeckt man, dass im Granit, dem Urgestein der Erde, dreierlei zu finden ist; in einem bekannten Reim, nach dem meine Klasse von einem Geologen im Mineralischen Museum bei einer Führung am Ende der Epoche sofort gefragt wurde, lautet das so:

> Feldspat, Quarz und Glimmer:
> Die vergess' ich nimmer.

Diese Urdreiheit besteht aus einer sehr lichten Substanz, dem Quarz, aus einem sehr finsteren Stoff, dem Glimmer, und schließlich aus den so verschiedenfarbigen Anteilen des Feldspats – zwischen dem Gegensatz von Licht und Finsternis die Farben! Die Kinder lernen nun verschiedene Granite kennen, erfahren, wo diese Gesteine überall zu finden sind und woran man die Gebirge schon von weitem erkennen kann. Das alles wird für sie aber noch interessanter, wenn man als Gegensatz den Kalk mit seinen verschiedenen Arten betrachtet und vergleicht. Eine recht unterschiedliche Sprache sprechen diese beiden Gesteinsarten: Der Granit ist körnig, rund, abgeschliffen, lagert in Brocken, das Tiefengestein der Erde. Der Kalk dagegen ist auswaschbar, hat spitze, scharfkantige Formen, ragt steil auf, bildet

Höhlen, ist vor allem an der Erdoberfläche zu finden und stammt von kalkhaltigen Tieren ab.[71]

Durch solches Gegenüberstellen von Phänomenen kommt während der Darstellung Spannung auf, und zugleich werden die Schüler dazu angeregt, mit ihren erwachenden Denkkräften die Gegensätze selbst zu entdecken und in Worte zu kleiden.

Geometrie – von nun an mit Zirkel und Lineal

Zur Geometrie haben die Schüler und der Lehrer bereits dadurch ein intensives Verhältnis gewonnen, dass sie in der 5. Klasse die wesentlichen Figuren aus freier Hand gezeichnet und dabei ihre Schönheit empfunden haben. Nun geht es darum, alles mit Zirkel und Lineal sorgfältig zu konstruieren, wobei man wieder von einem Gegensatz ausgeht: vom Kreis und der Geraden. Welch ein Formenreichtum wird bereits erlebbar, wenn die erste «Kreisrose» auf dem Blatt (mit möglichst genauen Schnittpunkten!) entsteht und die Zeichnung dann fortgeführt wird, indem man um die sechs Schnittpunkte auf der Peripherie weitere sechs Kreise zieht und die so entstandene Figur auf unterschiedlichste Weise farbig ausgestaltet wird. Die Vielfalt an Möglichkeiten hat schon manches Kind dazu veranlasst, Jahreskalender selbst zu basteln und für jeden Monat eine geometrische Figur anzufertigen. Da ich diese Epoche gern in die Vorweihnachtszeit verlegte, ergab sich, dass die Schüler zusätzlich zu ihren Epochenausarbeitungen eine Reihe von Zeichnungen mehrfach ausführten, um sie als «Weihnachtsarbeit» ihren Eltern zu schenken.

Hat die Klasse eine Zeitlang den Kreis mit seinen Gesetzmäßigkeiten kennengelernt, wird das Zeichnen der Geraden zu einem neuen Erlebnis: kann sie doch den Kreis tangieren, schneiden, halbieren oder auch Schnittpunkte miteinander verbinden! Durch das Zusammenspiel der beiden entstehen so vor den Augen der Schüler im Kreis die verschiedenen geometrischen Gebilde, wie Dreieck, Viereck, Fünfeck usw., weiterhin auch Sterngebilde, und schließlich kann man daraus die sogenannten Grundkonstruktionen ableiten, beispielsweise das Errichten einer Senkrechten auf einer Geraden, von einem Punkt das Lot auf eine Gerade fällen usw.[72]

Jeder Klassenlehrer wird zu Hause die Konstruktionen erst einmal selbst ausführen, um abzuspüren, wie es den Schülern dabei ergehen mag. Er muss dann allerdings auch lernen, an der Tafel mit großem Zirkel und Lineal umzugehen, und hat er sich schließlich einige Geschicklichkeit angeeignet, kann die Geometrieepoche große Freude bereiten, die sich auf die Klasse überträgt und von dort zurückstrahlt. Lässt man die Kinder häufig genug den Umgang mit dem neuen Handwerkszeug an einfachen Aufgabenstellungen üben, so werden sie bald genügend Sicherheit erlangt haben, auch die schwierigeren Konstruktionen auszuführen. Für manchen Lehrer und für manche Schüler wird diese Zeit eine «Epoche des Staunens».

Was es laut Lehrplan zu bedenken gilt

Welche weiteren Schwerpunkte hat der Klassenlehrer bei Schuljahrsbeginn noch zu bedenken?

In der *Biologie* wird er eine Epoche lang die höheren Pflanzen ausführlicher behandeln und möglichst auch Insektenkunde betreiben, während über weitere Tierarten und deren Lebensgewohnheiten im Zusammenhang mit der Betrachtung weiterer Erdgebiete in der Geografie zu sprechen sein wird.

Die *Geografie* lenkt den Blick auf ganz Europa mit seinen Nord-Süd- und West-Ost-Gegensätzen. Schließlich sollen am Ende dieses Schuljahres die Schüler (und vorweg der Lehrer) alle Kontinente in ihren Umrissen zeichnen können – aus dem Gedächtnis natürlich.

In der «*Himmelskunde*», die im Zusammenhang mit der Geografie unterrichtet werden kann, lernen die Schüler die so gegensätzlichen Bewegungen von Sonne und Mond in den nördlichen und südlichen Breiten kennen und können sich nun ein Bild davon machen, was es bedeutet, in der gemäßigten Zone mit ihren so charakteristischen Jahreszeiten leben zu dürfen.

Im *Mathematikunterricht* behandelt man Themen, die im täglichen Leben eine große Rolle spielen und mit der Prozent- und Zinsrechnung zusammenhängen. Man wird zugleich auf den Umgang mit Geld aller Art zu sprechen kommen, das Bankwesen und den Umtausch fremder Währungen behandeln und mit den Schülern möglichst viele Aufgaben rechnen, an denen sie die Prozentrechnung üben können. Sehr interessante Anregungen, wie man die Sechstklässler an all diese Themen lebensvoll und praktisch heranführen, zugleich einen Weg zur Einführung in die Algebra finden kann, gibt Ernst Schuberth.[73]

Die *Geschichte* wird längerer Vorbereitungszeit und sehr sorgfältiger Planung bedürfen, da man in diesem Jahr einen Zeitraum von der Gründung Roms, seinem Aufstieg und Untergang bis hin zum Ausklang des Mittelalters umspannen soll. Christoph Lindenberg hat in seinem Buch *Geschichte lehren*[74] gute und sinnvolle Anregungen gegeben, wie man die vielen Einzelthemen geschickt auf die zwei Epochen, die notwendig sind, verteilen kann.

Im täglichen *Erzählteil* geht man dazu über, von den verschiedenen Völkern der Erde, deren Leben, Wohnstätten, Sitten und Gebräuchen zu berichten. Laut Lehrplan ist es aber auch sinnvoll, außer der Völkerkunde so manche bildhafte Darstellung aus der Geschichte im Erzählteil zu Gehör zu bringen.

Im *Mal- und Zeichenunterricht* kommt auf den Klassenlehrer die Aufgabe zu, seine Schüler in das «Hell-Dunkel-Zeichnen» (auch «Schwarz-Weiß-Zeichnen» genannt) und in das Thema «Projektions- und Schattenlehre» einzuführen. Von nun an wird für lange Zeit das Arbeiten mit der Farbe abgesetzt – zu einem Zeitpunkt, wo die Schüler selbst innerlich alles «schwarz-weiß» zeichnen, indem sie das eine großartig finden, das andere völlig ablehnen.

Mit all diesen Fächern und ihren umfangreichen Inhalten kommt auf den Klassenlehrer eine sehr interessante, wenn auch nicht immer ganz leichte Aufgabe zu. Am Ende des Schuljahres aber wird er sich sagen können: Welch interessante Zusammenhänge durfte ich durch die Arbeit an diesen so unterschiedlichen Wissensgebieten kennen und verstehen lernen! Rudolf Steiner sagte damals seinen ersten Lehrern, dass die Qualität eines Unterrichts sehr davon abhänge, wie stark ein Lehrer ein Lernender ist und bleibt und es beim Rückblick auf eine Epoche ein gutes Zeichen sei, wenn man von sich sagen kann: Du, Lehrer, hast selbst am meisten gelernt!

In diesem Schuljahr hat der Klassenlehrer seinen Fächerkanon erheblich ausweiten dürfen, muss jedoch immer im Bewusstsein haben, dass er kein Spezialist ist und es nicht sein kann. Den Kindern zuliebe, die das für ihre Entwicklung brauchen, versucht er aber, sich umfassend zu bilden und vielseitige Interessen zu entwickeln.

Die Kinder haben begonnen, sich zu verwandeln, und auch der Lehrer muss es tun, muss innerlich mit ihnen jede Stufe durchlaufen, darf nicht der Gleiche bleiben wollen. Die ganze Art, zu ihnen zu sprechen, sich ihnen gegenüber zu verhalten, wird er schrittweise zu ändern haben. Nur so kann er mit ihnen in innerer Verbindung bleiben. Der lernende, sich selbst erziehende Erwachsene ist für sie Autorität – diese suchen sie, ihr wollen sie folgen!

12. Das siebte Schuljahr

Innere und äußere Situation der Schüler

Die Schüler kommen während der beiden letzten Schuljahre, die sie mit dem Klassenlehrer gemeinsam erleben, an die Schwelle von der Kindheit zur Jugend. Das zeigt sich nicht nur am deutlich einsetzenden Längenwachstum, sondern auch an der seit dem sechsten Schuljahr ständig wachsenden geistig-seelischen Möglichkeit, Verstandesurteile zu fällen, was von ihnen bei jeder Gelegenheit kräftig, manchmal auch mit Schärfe, geübt wird. Logisches Denken wird ihnen immer mehr verfügbar, und man bekommt zu spüren, dass sie gern argumentieren, kritisieren, ihre Meinungen vertreten. Ihr Seelisches, bis vor längerer Zeit noch geprägt von Innerlichkeit, bricht immer stärker zur Außenwelt durch, und so kann es mitunter recht tumultuarisch zugehen.

Darauf sollte sich der Klassenlehrer einstellen, und er muss der neuen Situation gewachsen sein. Sicherlich wird man seinen Unterrichtsstil verändern und vor allem mit den Schülern humorvoll umgehen müssen. Humor ist für dieses Alter geradezu unentbehrlich, kann wie ein Lebenselixier aufgefasst werden, und der Lehrer wird ihn entwickeln müssen, wenn er ihn nicht schon hat.

Die neuen Epochen – das Weltbild vervollständigen

Aus der ersten Chemieepoche

Einen wesentlichen Schwerpunkt bilden in diesem wie im darauffolgenden Jahr die Naturwissenschaften, sind doch diese Fächer ganz besonders dazu geeignet, die kausalen Denkkräfte der Schüler auszubilden und immer wieder zu beanspruchen.

Was bedeutet es für beide Seiten, wenn sich der Klassenlehrer statt eines Fachkollegen selbst an diese Epoche heranwagt? Als Erstes muss betont werden, dass er mit dem Fachmann selbstverständlich vor der Epoche Gespräche führt, ihn zwischendurch um Rat fragt, auch die Ziele der Epoche mit ihm bespricht. Nur von ihm wird er erfahren, wo die Geräte zu finden sind, wie er die Apparaturen handhabt und so manchen Handgriff geschickter ausführen kann.

In diesen Schuljahren geht es ja nicht um Spezialistentum, sondern darum, das Weltbild, das der Klassenlehrer sich selbst schrittweise erarbeitet, mit seinen Schülern gemeinsam zu vervollständigen, ihnen zu zeigen, wie wichtig es ist, auf breiter Linie Kenntnisse zu haben und alle möglichen Bezüge zu den anderen Fächern herzustellen. Die Jugendlichen erwarten sogar unbewusst, dass der Lehrer auch zu den Naturwissenschaften ein inneres Verhältnis gefunden hat und sie an sie nun heranzuführen vermag. Dass sogar ein gravierender Fehler, der einem beim Ablauf eines Versuches unterläuft, von ihnen kaum verübelt wird, möge das folgende Beispiel zeigen, das zugleich einen kleinen, wenn auch unvollständigen Einblick in eine Chemiestunde geben kann.

Bevor es die heute üblich gewordene Literatur für den Chemieunterricht gab,[75] tastete man sich als junger Klassenlehrer durch die verschiedenen Themen, griff die interessanten Anregungen von Frits Julius auf,[76] und so wollte ich mit meiner Klasse nun die drei Substanzen Schwefel, Kohlenstoff und Phosphor kennenlernen und zueinander in Beziehung setzen.

Der gelbe Schwefel beschäftigte uns zuerst, wurde beschrieben, betastet und auch verbrannt, wobei uns nicht nur der stechende Geruch beschäftigte, sondern vor allem die heiße, dunkle, blaue Flamme, die kaum Leuchtkraft entfalten konnte.

Tags darauf wollten wir den weißen Phosphor als Gegensatz dazu kennenlernen. An der Tafel war ein weißes Blatt im DIN A3-Format angebracht, auf dem Experimentiertisch stand ein großes, verschließbares Gefäß, in dem der stangenförmige Phosphor in einer Flüssigkeit aufbewahrt war, daneben lag eine Zange, und vor dem Tisch stand ein Eimer mit Löschsand. Ich beschrieb der Klasse die leichte Entzündbarkeit des Phosphors, konnte sie also in hohe Spannung versetzen, erklärte den Schülern, dass der Löschsand nötig sei für den Fall, dass mir ein Stück herunterfalle und sich sofort entflamme, und dass man auf keinen Fall mit den Schuhen darauf treten dürfe. Dann wurde der Raum völlig verdunkelt, während ich mit der Zange eine Stange Phosphor herausfischte. Es gelang mir damit, auf dem weißen Blatt Wörter zu schreiben, die tatsächlich im Dunkeln für alle gut lesbar waren, was allgemeines Staunen hervorrief. Nun wurde die Verdunkelung entfernt, und in diesem Augenblick brach die Stange Phosphor mittendurch, sie war schon zu lange an der Luft gewesen, ausgetrocknet und brüchig geworden, wie mir später der Fachmann sagte. Sie fiel vor aller Augen auf den Boden und fing sofort an zu brennen. Welch ein Freudengeschrei der Schüler, vor allem, als ich nun in der Verwirrung sogleich das tat, was ich vorher als unmöglich hingestellt hatte: Ich versuchte die Flamme mit dem Schuh auszutreten, nahm aber schnell noch den Löschsand zu Hilfe.

Welch eine Blamage für den Klassenlehrer: ein Brandfleck im Fußboden, und alle wollten ihn in der Pause beäugen! Dieses Ereignis war der Höhepunkt und das Gesprächsthema des Tages und ist auch unvergessen geblieben. Die Schüler freuten sich über den Fehler ihres Lehrers; sie hatten dadurch erlebt, wie gefährlich Phosphor sein kann. In anschließenden Gesprächen, auch bei späteren Klassentreffen, kamen sie darauf zurück und meinten, das sei nicht schlimm gewesen, da es dem Klassenlehrer passiert sei, aber dem Oberstufenlehrer hätte die Kette von Fehlern nicht unterlaufen dürfen; sie wären enttäuscht gewesen.

Tags darauf wurde herausgearbeitet, dass der Phosphor beim Schreiben im Dunkeln ohne Flamme ein helles und kühles Licht ausstrahlte – ganz im Gegensatz zum Schwefel. So entstand die Frage, ob es vielleicht einen Stoff gebe, der genau die Mitte zwischen diesen beiden bilde. Wir wollten nun den Kohlenstoff untersuchen. Mit einem Streichholz versuchten wir das Stück eines dicken Astes zu entzünden, blieben aber verständlicherweise erfolglos. Erst als der

Holzspan dünn genug war, ließ er sich leicht entflammen. Wir entdeckten beim Auspusten die Schwärze des Kohlenstoffes, machten weitere Versuche mit kohlenstoffhaltigen Substanzen und konnten beobachten, dass dieser Stoff mit seiner Art, Flammen und Wärme zu entfalten, eine Mittelstellung einnimmt.

Als nun herausgefunden werden sollte, wie ein Streichholz beschaffen ist, wurde langsam deutlich, dass wir die drei wichtigsten Bestandteile gerade kennengelernt hatten: Schwefel, Phosphor, Holz (= Kohlenstoff), und dass jeder von ihnen eine bestimmte Aufgabe zu erfüllen hat: Der Phosphor lässt sich beim Reiben leicht entzünden und entflammt so den Schwefel; der aber verbrennt mit heißer Flamme, an der man sich bekanntlich sehr die Finger verbrennen kann, und schenkt dadurch dem Holz die nötige Entzündungstemperatur, sodass dieses nun zu brennen beginnt.

Auf Anregung von Frits Julius beobachteten wir dann eine Kerzenflamme einmal viel genauer und entdeckten mit Staunen, dass man darin eine Dreiheit erkennen kann: Der untere Teil gleicht mit seiner Blaufärbung der Flamme des Schwefels, der obere mit seiner großen Helligkeit dem Licht des Phosphors und die Mitte mit ihren Formen dem Verbrennen des Kohlenstoffs.

Da wir daran gewöhnt waren, den Menschen selbst in seiner Dreigliedrigkeit phänomenologisch zu allen Dingen der Welt in Beziehung zu setzen – wie dies in der Waldorfpädagogik immer versucht wird –, wurde uns schließlich deutlich, dass die Kerzenflamme als ein Abbild des Menschen aufgefasst werden kann: Ihren «Ruhepol» findet man im unteren Bereich, während sie oben an den Spitzen am beweglichsten, unruhigsten ist und dort ihren «Bewegungspol» hat, hingegen in der Mitte rhythmische Erscheinungen erkennen lässt. Beim Menschen ist das Umgekehrte der Fall; das ist den Schülern im Allgemeinen aus anderen Betrachtungen schon deutlich. Wie das genauer zu verstehen ist, soll hier im Rahmen der Anthropologieepoche des achten Schuljahres eingehender dargestellt werden. Wir haben unseren Ruhepol oben im Haupt, sind am beweglichsten unten in den Gliedmaßen, sind aber in der Mitte, im Brustkorb, wo unsere wichtigsten Rhythmusorgane, Lunge und Herz, sitzen, am stärksten für alles Rhythmische organisiert – wie die Kerzenflamme.

Wirft man zum Schluss noch einen Blick auf die drei besprochenen Substanzen, so mag es für die Schüler eindrucksvoll sein zu hören – wenn für sie auch nicht alles gleich nachvollziehbar sein wird –, dass mancher homöopathische Arzt den Schwefel (z. B. in Form von Schwefelbädern) einem Patienten verordnet, den er im Bereich des Bewegungspols, der zugleich auch der Stoffwechselpol des Menschen ist, heilen möchte. Den Phosphor mit seiner feinen Lichtwirkung verschreibt er – in potenzierter Form – für den Kopfbereich, den Ruhepol. Der Kohlenstoff spielt bekanntermaßen eine große Rolle in der Atmung, in unserer rhythmischen Mitte: Dass wir Kohlensäure ausatmen, haben die Schüler wenige Tage vorher in dieser Epoche erfahren.

Phänomenologisches Betrachten, erweitert durch den Umgang mit der Dreigliederung des Menschen, wie die anthroposophische Menschenkunde sie beschreibt, übt man als Waldorflehrer immer wieder seit dem Studium, und es kann begeistern, wenn man immer mehr Zusammenhänge in der Welt entdeckt und diese seiner Klasse vermitteln kann. Diese Stimmung gibt einem wohl auch die Berechtigung, eine solche Epoche zu erteilen, selbst dann, wenn man vielleicht täglich mit leisem Bangen an die Versuche herangeht.

Einiges zur Ernährungs- und Gesundheitslehre

Wie kann man als Klassenlehrer über eine gesunde Ernährung zu den Eltern am Elternabend und schließlich zu den Schülern eine Epoche lang sprechen, ohne ein Studium oder eine intensive Einarbeitung in ein so bedeutsames Thema? Welche Gesichtspunkte liegen dieser Epoche zugrunde? Wie ist es möglich, auch hier phänomenologisch vorzugehen? Durch die längere Beschäftigung mit der Menschenkunde, somit auch mit der Dreigliederung des Menschen, ist der Klassenlehrer damit vertraut, auch die Pflanze als ein dreigliedriges Wesen phänomenologisch anzuschauen und sie zum Menschen in Beziehung zu setzen – ähnlich, wie es am Ende des vorigen Kapitels mit den drei Substanzen versucht wurde. Nicht eine Theorie ist hier gemeint, sondern ein vergleichendes Anschauen, was den Schülern oft leichter fällt als den Erwachsenen.[77]

Als Einstieg in die Ernährungslehre fragten wir uns, ob sich an einer Pflanze auch ein Ruhe- von einem Bewegungspol unterscheiden lasse und ob es vielleicht auch eine «rhythmische Mitte» gebe. Das ruhende, zugleich auch formgebende Prinzip ließ sich bald finden: Es wurde mit dem kühlen Wurzelbereich in Verbindung gebracht. Beim Betrachten der Blüte dagegen bemerkten wir am Ausstreuen der Pollen, am Verströmen des Dufts, an den in die Umgebung strahlenden Farben und den später zu verstreuenden Samen, dass dies der Pol sein könnte, wo das Bewegungselement überwiegt. Vor allem wurde auch deutlich, dass sich die Blüte und ihre späteren Früchte dem Sonnenlicht, der Wärme zuwenden. In ihrer Mitte, wo der Stängel mit seinen Blättern nach oben wächst – und das erstaunte uns sehr –, bilden viele Pflanzen ganz rhythmische Prozesse aus: Zum Beispiel entfalten manche beim Wachsen ihr jeweils nächsthöheres Blatt genau nach einer 2/5-Drehung um den Stängel. Aber vor allem: Ist nicht das konzentrierte Emporwachsen des Stängels ein Gegensatz zum In-die-Breite-Gehen eines Blattes? Beide Formprozesse wechselt die Pflanze aber rhythmisch ab – wie bei einem Atemrhythmus.

Den Zusammenhang mit dem Menschen sollte die Klasse selbst herausfinden. Die rhythmische Mitte war schnell geklärt, aber dann wurde nach einiger Überlegung deutlich, dass die Pflanze wie ein umgekehrter Mensch aufgefasst werden kann: Wie bei der Kerzenflamme ist der Bewegungspol oben und der Ruhepol unten, also uns entgegengesetzt. Wie steht es aber betreffs der erwähnten Wärme und Kühle beim Menschen? Die Schüler fanden heraus, dass wir Wärme bilden, wenn wir unsere Gliedmaßen bewegen, und es fiel dann leicht, ihnen zu verdeutlichen, dass unser Stoffwechselbereich im «unteren Menschen» wärmer ist, dass auch unsere Hände und Füße gegen zu große Kälte geschützt werden müssen, während ein Teil unseres Hauptes, das Gesicht, sehr große Kälte ertragen kann. Im Volksmund heißt es ja auch, es sei in schwierigen Situationen wichtig, einen kühlen Kopf zu bewahren. Man könnte auch sagen, dass dem mehr lösenden Prinzip des Stoffwechsels vom Haupt her ein formendes Prinzip entgegenwirkt.

All diese Studien dienten lediglich der Vorbereitung. Zum Schlüssel für einen wichtigen Teil der Ernährungslehre wird das Erarbeitete erst dann, wenn man durchschaut, wie die drei verschiedenen Teile der Pflanze auf den Menschen wirken, wenn er sie als Speise zubereitet. Die Schüler fanden heraus: Alles, was dem Wurzelbereich der Pflanze entstammt, müsste mit dem Haupt des Menschen in Beziehung stehen, alles Blütenartige samt den Früchten müsste auf unseren Stoffwechsel und unsere Gliedmaßen wirken, und alles, was wir aus der mittleren Region der Pflanze zur Speise bereiten, könnte für unsere rhythmische Mitte von Bedeutung sein.

Nun wurden die Nahrungspflanzen einzeln angeschaut und mithilfe des Schlüssels untersucht: Alle möglichen Arten von Früchten und Blüten wurden ebenso aufgeschrieben wie die Gemüsesorten (Blatt- und Stängelgemüse), die wir der mittleren Region entnehmen, schließlich auch alles, was wir an Wurzelgemüsen kennen. Es wurde verstanden, dass uns die Wärme, welche die Sonne im Sommer in die Blüten oder Früchte hinein verschenkt hat, nach dem Verdauen der Speise zugute kommt, zugleich eine lösende Wirkung in uns ausübt, auch bei der Verdauung behilflich sein kann usw. Welch wärmende und lösende Wirkung muss dann ein Kompott haben, bei dem sonnengereiftes (gewissermaßen von der Sonne bereits gekochtes) Obst noch einmal auf dem Herd gekocht wird, und wie leicht verdaulich muss es sein! Dass dagegen Wurzeln auf das Haupt und seine Sinne eine Wirkung ausüben, merkt man rasch beim Probieren des Meerrettichs, der Radieschen und Rettiche. Sie schenken uns auch alle möglichen Salze und machen wach! Hingegen kann man nach reichlichem Genuss von Kartoffeln, einem unter die Erdoberfläche «gesunkenen», zur Knolle verdickten Pflanzenstängel, mitunter erleben, dass man sich im Kopf eher etwas schläfrig fühlt.

Den Schülern soll in diesem Alter zum Bewusstsein kommen, wie Mensch und Natur zusammenhängen. An den wenigen Beispielen mag deutlich geworden sein, dass auch hier der Klassenlehrer ihnen helfen kann, einen Schlüssel zum Verständnis zu finden. Dabei werden ihm ebenfalls neue Lichter aufgehen, ihn innerlich erwärmen und vielleicht sogar begeistern, was wiederum der Klasse, am Elternabend aber auch den Anwesenden zugute kommt. Die Eltern können zu Hause die Impulse, die von einer solchen Betrachtung ausgehen, vielleicht in die Tat umsetzen und darauf achten, dass sie das tägliche Essen aus allen drei Bereichen der Pflanze zubereiten.

Erzählstoff Völkerkunde: heute wichtiger denn je

Eine weitere Frage an die Waldorfschule ist wohl die folgende: Wie werden die Schüler auf die heutigen ethnischen Konflikte, die an vielen Orten aufbrechen, vorbereitet?

Als Rudolf Steiner damals anregte, während des sechsten bis achten Schuljahres im Erzählteil Völkerkunde zu betreiben, ahnte niemand, wie wichtig diese gerade in heutiger Zeit sein würde. Über bestimmte Länder, deren Menschen und Kultur haben die

Schüler bereits im Fremdsprachenunterricht so manches erfahren, doch wird in diesem Schuljahr der Sprachlehrer damit beginnen, umfassende Aspekte darzustellen und das bereits Bekannte zu vertiefen. Dem Klassenlehrer fällt die Aufgabe zu, sich mit möglichst vielen anderen Völkern zu beschäftigen und sich liebevoll in ihre Wesenszüge, Sitten und Gebräuche zu vertiefen, um dann ein lebensvolles Bild vermitteln zu können. Das Besondere, Einmalige der jeweiligen Völker, vor allem auch die Achtung vor jedem Menschen, muss dabei für alle erlebbar werden.[78]

Als Lesestoff, besonders für die 8. Klasse, eignen sich auch sehr gut Texte von Johann Gottfried Herder, besonders seine *Ideen zur Philosophie der Geschichte der Menschheit.* Seine Art, vielerlei Gegensätze zwischen den Völkern des Nordens und des Südens, ebenso zwischen denen des Westens und des Ostens und schließlich ein ausgleichendes Prinzip für die Völker der Mitte aufzuzeigen, kann einem zum Schlüssel für ein neues Menschenverständnis werden und tiefes Interesse entfachen.

Neue Akzente in den übrigen Epochen

In der *Physik* sind die Schüler bezüglich ihrer Entwicklung nun so weit, dass sie an das Gebiet der Mechanik, an die Hebelgesetze herangeführt werden können, da sie auch innerlich ihre Knochenmechanik auf neue Weise erleben und somit ein tieferes Verständnis dafür aufbringen werden. Bei einem dieser Versuche wird jeder Klassenlehrer prüfen können, wie es mit seinem Humor bestellt ist. Haben die Schüler im Verlauf der Epoche – nachdem die Akustik, die Optik, die Wärme- und Elektrizitätslehre und der Magnetismus wieder zu ihrem

Recht gekommen sind – in der ersten Mechanik die lose und die feste Rolle mit ihren Hebelwirkungen kennengelernt, sollen sie nun erleben, wie mit dem Flaschenzug sogar das zarteste Mädchen ein viel schwereres Gewicht vor den Augen aller hochzuziehen vermag: den Klassenlehrer! Wohl jede Waldorfschule hat einen entsprechenden Haken an der Decke, manche sogar im hohen Treppenhaus, an dem dieses Gerät – verbunden mit dem Sitz einer Kinderschaukel – angebracht wird. Den Lehrer lässt man dann gern eine Zeitlang oben unter der Decke verweilen. Nun sitzt er dort oben und darf warten, bis sich jemand erbarmt und ihn herunterlässt. Welch unvergessliche Freude für die Siebtklässler, wenn dabei der Humor nicht fehlt!

In der *Biologie* haben die Kinder im vierten Schuljahr, von einer Betrachtung des Menschen ausgehend, das Tierreich kennengelernt und ein Jahr später die Pflanzenwelt. Das Mineralreich auf der untersten Stufe der Naturreiche stand im Mittelpunkt des sechsten Schuljahres, und nun lenkt man wieder den Blick hinauf zum Menschen, indem man in der Ernährungs- und Gesundheitslehre unter anderem auf die Zusammenhänge aller dieser vier Bereiche zu sprechen kommt.

In der *Mathematik* wird man es am Ende der siebten Klasse möglichst so weit gebracht haben, dass die Schüler mit der Zinsformel, also der ersten «Buchstabenrechnung», bekannt gemacht worden sind. Nun werden sie schrittweise mit der Welt der allgemeinen sowie der negativen Zahlen vertraut gemacht, erlernen unter anderem das Potenzieren und Radizieren verschiedenster Arten von Zahlen, dazu auch den Umgang mit den ersten linearen Gleichungen.[79]

Auf den *Geschichtsunterricht* können Lehrer wie Schüler sich nur freuen: Geht es doch nun um den Beginn der Neuzeit, und man hat zunächst viel Eindrucksvolles vom Entdecken und Erforschen neuer Kontinente wie auch von großen Erfindungen, z. B. der Buchdruckerkunst, zu erzählen. Die weiteren Themen – nicht weniger beeindruckend – behandeln dann die Geschichte von der Reformation bis hin zum Dreißigjährigen Krieg.[80]

Im *Deutschunterricht* vertieft man das Schreiben von Aufsätzen und Geschäftsbriefen, liest mit der Klasse altersgemäße Literatur, erweitert in der Grammatik die Satzlehre und führt die Schüler in die Welt der Balladen ein, von denen man auch einige auswendig lernen lässt, um sie dann gemeinsam zu rezitieren.

In der *Geometrie* wird bei allen gestellten Themen nicht nur auf große Genauigkeit geachtet, sondern zunehmend auf beweisende Verfahren und regelmäßige Übung besonderen Wert gelegt – als Schulung der sich entwickelnden Urteilsfähigkeit und des Willens. Durch das Konstruieren von Linien, wie man sie für die perspektivische Darstellung benötigt, lässt sich der Bezug zum Zeichenunterricht herstellen, in dem es die Grundlagen des perspektivischen Zeichnens zu erlernen gilt.[81]

In der *Geografie* wird man beim Betrachten anderer Erdteile zugleich auf die jeweilige Fauna, Flora, Gesteinswelt und vor allem auf die Menschen, deren Lebens-, Wirtschafts- und Rechtsverhältnisse zu sprechen kommen (vieles davon wird auch in der Völkerkunde im Erzählteil geschildert).

Im Zusammenhang mit der Geografie werden auch die astronomischen Betrachtungen weitergeführt, da sie für das Verständnis der Himmelsverhältnisse weit entfernter Länder in Nord und Süd eine wichtige Rolle spielen. Die *Astronomie* kann auch, wenn die Zeit ausreicht, als eine gesonderte Epoche erteilt werden – zum Beispiel wieder während einer Klassenreise.

Am Ende eines solchen Schuljahres kann man sich als Klassenlehrer fragen, wer wohl in dieser Zeit am meisten gelernt haben mag, und es ist sicherlich nicht falsch zu sagen: man selbst.

13. Das achte Schuljahr

Acht Jahre lang denselben Lehrer?

Die Frage, ob ein Klassenlehrer wirklich acht Jahre lang eine Klasse unterrichten sollte, ist derzeit innerhalb der Waldorflehrerschaft im Gespräch. Im bereits zitierten *Arbeitsmaterial für Klassenlehrer* schreibt Georg Kniebe: «Aus der Geschichte der ersten Waldorfklassen ergibt sich nicht, dass es von Anfang an so gewollt war. Die erste 8. Klasse begann mit zwei einander abwechselnden Lehrern im Hauptunterricht. Erst allmählich bildete es sich heraus, dass ein Lehrer auch im achten Schuljahr bei der Klasse bleibt. Als Begründung dafür wird am häufigsten das Begleiten des gesamten zweiten Jahrsiebts durch einen Klassenlehrer genannt. Gewiss hat der achtjährige Turnus in vielen Fällen Segen gebracht. Es wird daher wohl auf individuelle Verhältnisse ankommen. Zu viel spricht für eine kürzere, zu viel für eine längere ‹Amtszeit›, als dass man das eine oder das andere als kanonisch betrachten kann.»[82]

Wie autonom die einzelne Schule mit dieser Thematik umgehen kann, zeigt beispielsweise die Tatsache, dass eine Waldorfschule im süddeutschen Raum beschlossen hat, dass dort der Klassenlehrer die Kinder nur noch sechs Jahre lang führt. Für die Übergangszeit des siebten bis neunten Schuljahrs hat sie, zusammen mit engagierten Eltern, schulintern ein eigenes Mittelstufenkonzept entwickelt und den Übergang zur Oberstufe neu organisiert.[83]

Andernorts wird versucht, Oberstufenlehrer für die eine oder andere schwierige Epoche in den naturwissenschaftlichen Fächern der achten, mitunter auch der siebten Klasse einzusetzen, um dem Klassenlehrer die Arbeit zu erleichtern. Im Zusammenhang mit der Frage nach einem «Freijahr» wurde bereits erörtert, wie z. B. in der Rudolf Steiner Schule Hamburg-Bergstedt dem Klassenlehrer eine Erleichterung geschaffen wird, und so findet wohl jede Schule auf ihre Weise eine individuelle, ihren Bedingungen angepasste Lösung.

Blickt man auf die Waldorfschulen in aller Welt, wird einem deutlich, dass einzelne Länder von staatlicher Seite her die Klassenlehrerzeit einzuschränken vermögen. So sind in den Niederlanden und in Belgien inzwischen nur noch sechs Jahre Unterricht durch einen Klassenlehrer erlaubt. Wenn auch die Dauer der Klassenlehrertätigkeit an Waldorfschulen international unterschiedlich ist, so ist doch wichtig zu erfahren, dass weltweit die Grundzüge des Waldorflehrplans mit den hier beschriebenen Epochen im Wesentlichen übereinstimmen.

Die Frage nach einer achtjährigen Klassenlehrerzeit ist aber auf jeden Fall immer verbunden mit der Frage, ob es dem Lehrer gelingt, mit der Entwicklung seiner Schüler Schritt zu halten. Wie wichtig es für ihn ist, innerlich beweglich und verwandlungsfähig zu bleiben, ist bei unserem Durchgang durch die verschiedenen Klassenstufen vielleicht deutlich geworden. Nur so kann er auch den Bedürfnissen der Kinder in den verschiedenen Altersstufen gerecht werden. Wenn er in der Lage ist, sich zusammen mit seinen Schülern weiterzuentwickeln und ständig dazuzulernen, dann besteht im Allgemeinen auch nicht die Gefahr – wie als Einwand an die Waldorfpädagogik von außen oft zu hören ist –, dass die Schüler seiner überdrüssig werden oder einseitig beeinflusst werden; das hat sich in der langjährigen Praxis der Waldorfschulen gezeigt. Im Gegenteil – ein Lehrer, der in diesem Sinne eine Vorbildfunktion ausüben kann und die Möglichkeit hat, die Schüler über entscheidende Jahre ihrer Kindheit hinweg kontinuierlich zu begleiten, übt vermutlich eine größere pädagogische Wirksamkeit aus als mehrere Lehrer, die sich jeweils auf zwei Klassenstufen spezialisiert haben. Das Lernen ist in dem Alter, um das es hier geht, schließlich noch eng an die Person gebunden, die den Unterrichtsinhalt vermittelt.

Der Klassenlehrer hat – neben vielen anderen Möglichkeiten – auch die Chance, über mehrere Jahre hinweg den Lernstoff «zusammenzuhalten». Er kann Verbindungen herstellen, Bögen spannen – z. B. von der 1. bis zur 8. Klasse –, Themen auf einer neuen Stufe aufgreifen, sie weiterführen, zu einem Abschluss bringen usw. So kann sich zwischen Lehrer und Schülern in dem, was sie sich im Laufe der Jahre miteinander erarbeiten, auch eine enge Gemeinschaft bilden.

Dass dieses Tätigkeitsfeld des Klassenlehrers an einer Waldorfschule an den Einzelnen aber hohe Anforderungen stellt, ist aus unseren Darstellungen ebenfalls deutlich geworden. In jedem Fall steht er vor einer großen Aufgabe.

Für jemand, der, wie ich, die Möglichkeit und das Glück hatte, mehrere Klassen nacheinander acht Jahre hindurch zu führen, ist es interessant, sich zu fragen: Was fiel einem im letzten Schuljahr einerseits besonders schwer, und welche Tatsachen sprechen andererseits eindeutig für eine achtjährige Klassenlehrerzeit? Der erste Teil der Frage steht in engem Zusammenhang mit dem, was im folgenden Abschnitt zur Sprache kommen wird, nämlich mit dem Verhalten der Schüler in diesem Lebensalter. Der zweite Teil wird seine Beantwortung finden, wenn im Anschluss daran bestimmte Epochen und einige Besonderheiten, die mit dem Abschluss der gemeinsamen Zeit in Beziehung stehen, dargestellt werden.

Die innere Situation der Jugendlichen

Gebraucht man während eines Gesprächs in irgendeinem Zusammenhang den Begriff «Pubertät», so denkt der andere meistens spontan: Welch schwieriges Alter! Die Schüler der 8. Klasse gehen durch diese Phase der Pubertät, und der Klassenlehrer bekommt dies in vollen Zügen zu spüren, hat also genügend Gelegenheit, Humor zu üben. In Waldorfkreisen bezeichnet man die Zeit der Pubertät auch als die Phase, in der der junge Mensch die «Erdenreife» erlangt, was der Fülle von neuen Phänomenen dieses Entwicklungsschrittes viel gerechter wird.[84]

Die Schüler sind nun in ein ganz neues Verhältnis zur Welt getreten. Man erlebt, wie sich ihre Gestalt wandelt, das Längenwachstum enorm zunimmt, wie sich Mädchen und Jungen spürbar auseinanderentwickeln. Dabei wird im Seelischen manches chaotischer, und sie reagieren sensibler auf alles. Fällt einem bei den Jungen das Flegeln besonders auf, so ist es bei den Mädchen mehr die Neigung zum Kokettieren und selbstbetonten Auftreten. Der Klassenlehrer bemerkt, dass die Schüler sich noch stärker von ihm zurückziehen, die «Zeit der Autorität» ausklingt und er lernen muss, damit ganz souverän umzugehen – so wie die Schüler lernen müssen, mit den für sie noch unbekannten Phänomenen und eigenen Problemen dieses Alters fertig zu werden. Wenn man als Klassenlehrer auch mit den Kollegen in gutem Kontakt steht, mit ihnen über alles spricht, so ist man doch in gewissem Sinne viel mehr allein, als man zunächst wahrhaben möchte. Erleben die Fachkollegen mit der Klasse eine schwierige Situation, wissen sie, dass sie zum Klassenlehrer gehen können, um sich Rat zu holen, um ihm vielleicht auch einmal ihr Leid zu klagen – er ist für sie die letzte Instanz! Aber an wen kann er sich noch wenden?

Solche Dinge erschweren die Arbeit des Klassenlehrers im achten Schuljahr, und es kommt viel darauf an, dass er sich verständnisvoll in die Schüler hineinversetzt, aus allem, was da neu auf ihn zukommt, lernen will und nicht die eigenen Probleme in den Vordergrund stellt. Dieses Jahr kann ihm die beste Schulung zu Selbstbeherrschung auferlegen, falls er bedenkt, dass die Klasse empfindlich reagiert, wenn er heftig wird, einen zu scharfen Ton anschlägt, einen Schüler vor den anderen blamiert, ihn beleidigt, irgendwelche Schüler bevorzugt oder vernachlässigt und in seinen Maßnahmen autoritär ist (mit Machtmitteln arbeitet). Die Sensibilität gegenüber Ungerechtigkeiten steigert sich in diesem Alter. Wo könnte man einen noch besseren Spiegel für die Selbsterkenntnis des Lehrers finden?

Man muss wissen, dass nun das Autoritätsprinzip in gesunder Weise zurückzutreten hat. Gelingt es einem aber, sich mit den neuen Unterrichtsstoffen interessiert genug zu verbinden, spüren es die Jugendlichen, und man kann mithilfe der noch wirkenden Autorität ihre neu erwachten Denkkräfte schulen und sie mehr und mehr zu einem selbstständigen Urteilsvermögen hinführen.

Im Zusammenhang mit der oben gestellten Frage, inwiefern es für die Schüler und für den Klassenlehrer selbst sinnvoll sein kann, auch die immer umfangreicher werdenden Epochen des achten Schuljahres zu erteilen, soll nun manches an charakteristischen Beispielen aus zwei Fächern verdeutlicht werden.

Die Anatomieepoche

Im Rahmen der Biologie erteilt der Klassenlehrer der 8. Klasse eine Epoche, die sich mit dem sogenannten Bewegungsapparat des Menschen, also mit der Knochen- und Muskelmechanik, dann auch mit den Sinnesorganen (z. B. dem inneren Bau des Auges), beschäftigt.

Wie kann man die Schüler dieses Alters an eine sinnvolle Betrachtung des menschlichen Skeletts heranführen? Kann man auch hierbei phänomenologisch vorgehen und vielleicht so manches, was man in anderen Zusammenhängen erfahren hat, einbeziehen?

Die gemeinsame Betrachtung beginnt sicherlich mit dem Schädel, er wird zunächst beschrieben und auch gezeichnet, dabei werden die einzelnen Schädelknochen benannt und aufgeschrieben. Schließlich kommt man auf die gesamte Form des Schädels zu sprechen. Diese wird vor allem im oberen Teil als rund empfunden, was noch deutlicher wird, wenn man nun die Gliedmaßen gegenüberstellt, betrachtet und als gerade, langgestreckt, vom Körper strahlenförmig ausgehend erlebt. Weitere Gegensätze lassen sich finden, dass zum Beispiel die runden Schädelknochen das Gehirn umhüllen, das Innere schützen, das hochempfindlich ist, während die geraden Röhrenknochen der Gliedmaßen von innen her Halt geben. Auch ist leicht zu erkennen, dass alles Bewegliche in den Bereich der Gliedmaßen hineinorganisiert wurde, dem Haupt hingegen das Element der Ruhe eigen ist: Man trägt es so, dass es die Unruhe des übrigen Skeletts nicht mitmachen muss – außerdem sind seine Schalenknochen fest miteinander verwachsen.

Betrachtet man nun gemeinsam die Mitte des Skeletts, den Brustkorb mit seinen Rippen, so entdeckt man einerseits, dass er nach oben hin rundlich sowie unbeweglich erscheint und alles Innere umhüllt und schützt: wie ein Kopfprinzip. Andererseits sind da die Rippen wie dünne, langgestreckte, strahlenförmige Arme, die ein bewegliches Element zulassen, da sich der Brustkorb beim Atmen dehnen und wieder zusammenziehen können muss: ein Gliedmaßenprinzip. In der Mitte scheinen sich beide Prinzipien gegenseitig zu durchdringen, aber wie? Ist sie nur Mischung, oder hat sie auch etwas Eigenes aufzuweisen? Betrachtet man den Brustkorb – aufgegliedert in Rippen und regelmäßige Zwischenräume –, der insgesamt einem Kopf gleicht, und die damit verbundene Wirbelsäule, die demgegenüber mehr einer langgestreckten Gliedmaße ähnelt, kann man entdecken, dass beide ein drittes Prinzip verraten: das des Rhythmus.

Man kann nun die Schüler auf etwas Besonderes aufmerksam machen und sie dadurch zu weiteren Beobachtungen veranlassen: Goethe hat während seiner phänomenologischen Studien die großartige Entdeckung gemacht, dass in einem lebendigen Organismus stets die einzelnen Teile das Ganze widerspiegeln, das heißt, dass man das große Prinzip in den einzelnen Gliedern wiederzufinden vermag. In diesem Sinne können die Schüler dann selbst auf die Suche gehen. Am einleuchtendsten ist es, erst einmal am Haupt solche Betrachtungen anzustellen. Die Klasse findet bald heraus, dass der obere Teil mit der gewölbten Stirn am meisten dem Umhüllen und Schützen dient, auch die schönste Rundung enthält, dass man aber im unteren Teil eine bewegliche Gliedmaße, den Unterkiefer – aus zwei langgestreckten Knochen zusammengewachsen – entdecken kann. In der Mitte des Hauptes müsste man nun noch das rhythmische Prinzip finden: Dort atmen wir durch die Nase aus und ein, und im Inneren des Hauptes dienen Stirn-, Nasen- und Kieferhöhlen – sie sind Lufträume in den drei erwähnten Regionen, die auch beim Singen und Sprechen eine große Rolle spielen – ganz wesentlich unseren Atemfunktionen.

So lässt man die Schüler noch vieles weitere untersuchen und mithilfe des erarbeiteten Schlüssels auch gedanklich in einen Zusammenhang bringen. Hier sei nur noch – als weiteres Beispiel – verdeutlicht, wie man am Fuß im obigen Sinn den ganzen Menschen wiederfinden kann: An der Ferse wird man leicht das Kopfprinzip finden und an den vielgliedrigen, zur Beweglichkeit veranlagten Fußzehen das Gliedmaßenprinzip. Das Fußgewölbe in der Mitte gestattet, dass sich der Mensch bei jedem Schritt auf und ab bewegt. Dadurch wird die Wucht des Auftretens abgedämpft, gleichsam abgefedert. Das Fußgelenk ermöglicht ein atmendes Schreiten.

Bei einer solchen Betrachtung kann echte Begeisterung aufkommen, und der Klassenlehrer kann nun Brücken schlagen zu den oben erwähnten Fächern. So verstehen im Laufe dieser Epoche die Schüler noch besser, was sie in der Ernährungslehre als Beziehung zwischen Mensch und Nahrungspflanze erfahren haben, was sie in der Chemie von den drei Substanzen im Zusammenhang mit dem Menschen kennenlernten und während der Völkerkunde in Herders Darstellungen über die Menschen im Norden, im Süden und in der «Mitte» gelesen haben.

Dass all diese Dinge innerlich zusammenhängen und der Klassenlehrer in den verschiedenen Epochen dieses letzten Schuljahres lernen kann, all die Kenntnisse zu einem großen Weltbild zusammenzuschmieden, spricht dafür, dass diese Aufgabe in seine Hände gehört. Er allein weiß, was schon veranlagt wurde und was nicht, und kann, bevor die Fachgebiete von verschiedenen Oberstufenkollegen übernommen werden, das Ganze abrunden.

Die Temperamente in der Stilkunde des Deutschunterrichts

Das Abfassen klarer, treffender Geschäftsbriefe haben die Schüler bereits mehrere Jahre hindurch geübt. Hierbei kommt es stets auf sachliche, klare, sorgfältig durchdachte Formulierungen, nicht auf eigene Gefühlsnuancen an. Dabei wählt man Themen, die sich am besten aus der Klassensituation ergeben, wie Anfragen an Schullandheime betreffs Klassenfahrt, Bestellungen, Reklamationen, auch kann man den Geschäftsführer danach fragen, ob Geschäftsbriefe bezüglich des Schulbaus zu schreiben sind.

Dem steht im achten Schuljahr der Waldorfschule eine Thematik gegenüber, die ganz zur künstlerischen Seite dieses Unterrichts hinüberführt: Die Schüler sollen die so verschiedenen Erzählstile großer Dichter oder Schriftsteller darauf untersuchen, welche Temperamentseigenschaft dem jeweiligen Stil (nicht dem Inhalt) eigen sein könnte.

Dadurch stellt sich dem Lehrer eine doppelte Aufgabe: Zum einen muss man den Schülern die Temperamente als solche vor Augen führen, dann aber gemeinsam herausfinden, welche Merkmale für die verschiedenen Erzählstile typisch sind.

Darstellung der Temperamente im Unterricht

Der Klassenlehrer betritt kein Neuland, denn mit den Temperamenten der Kinder hat er sich seit Beginn der Schulzeit stets beschäftigt. Ja, bis in viele methodische Fragen hinein kann die Lehre von den Temperamenten Anregungen und Hilfen geben, nicht nur die Kinder besser zu verstehen, sondern auch den Unterricht auf besondere Weise künstlerisch zu gestalten. Den richtigen Umgang mit dem eigenen Temperament wie mit den Temperamenten der Kinder zu lernen darf man gewiss als ein wesentliches Element in der Pädagogik Rudolf Steiners bezeichnen.85 Nun, am Ende der gemeinsamen acht Jahre, versucht man, seinen Schülern einen lebendigen Eindruck von den wichtigsten Eigenschaften dieser Vierheit und deren Mischungen zu vermitteln.

Mir schien es ratsam, ihnen zu Beginn selbst vorzuspielen, wie es damals, als sie Erstklässler waren, ausgesehen haben kann, wenn sie morgens ihren Klassenlehrer an der Tür begrüßten – und das auf vierfache Weise. Um dem Leser einen entsprechenden Eindruck von dem zu vermitteln, was die Schüler zuerst schmunzelnd, dann herzhaft lachend als lebhaft gespielte Szenen vor sich sahen, soll hier versucht werden, den Verlauf der Darstellung in Worten charakteristisch wiederzugeben. Während des Lesens der vier verschiedenen Schilderungen möge man sich ausmalen, wie die einzelnen Kinder auf dem Flur entlangkommen, auf ihren Klassenlehrer zugehen, ihm die Hand reichen, ihn dabei anblicken, das Grußwort sprechen und zum Platz gehen. Man wird die einzelnen Abschnitte wohl auf sehr unterschiedliche Weise lesen müssen, um sich in die verschiedenen Temperamente hineinzuversetzen. Die unterschiedlichen Satzzeichen mögen dabei ein wenig mithelfen.

Das erste Kind kommt, Kurt! Zügig den Flur entlang! Energischen, strammen Schrittes! Nicht zu überhören! – Nun die Begegnung! Der

Blick trifft gezielt, greift! Die Hand zügig entgegengestreckt! Auch sie greift fest zu! Tatkräftig! In gestraffter Haltung! Man grüßt: «Guten Morgen, Herr Eller!» – knapp, klar, ausdrucksstark! – Weiter! Neuen Zielen entgegen! Festen Schrittes hinein in die Klasse! Zum Platz! So, sich hinsetzen! Ungeduld kommt auf! Der Unterricht sollte anfangen! Ach, endlich!

So könnte man sich einen Choleriker vorstellen.

Ein zweites Kind nähert sich, der Emil – ruhig – gemächlichen Schrittes – ein wenig rechts-links schaukelnd. Etwas verträumt – freundlich dreinblickend – den Lehrer unter Umständen nicht bemerkt habend – wendet es sich ihm nun zu – lächelnd. Wie gut, dass er die Hand rechtzeitig entgegenhält – so konnte man sie nicht übersehen. Treuherzig wird die kleine Hand in die seine gelegt – ohne besonderen Griff – der Kopf hebt sich – ganz gelassen – der Blick öffnet sich – berührt ein wenig den des Lehrers – und ruht – ein wohliges, friedfertiges Lächeln gleitet über das kleine Antlitz – und bleibt noch ein Weilchen. Man grüßt – ganz ohne Eile – genießt den Augenblick. Der Blick gleitet weiter – das Lächeln verebbt – ganz langsam. Man begibt sich auf den Platz – wie immer – und hat Geduld – zu warten – bis der Unterricht anfängt.

Ein Kind mit phlegmatischem Temperament.

Hei, da kommt der nächste, der fröhliche Hans: leicht beschwingten Schrittes, heute mit einem Mitschüler an seiner Seite, der von jetzt ab sein Freund sein soll, weil er so nett ist, und dem erzählt er gerade von all seinen Erlebnissen – hat er doch gestern so viel Interessantes erlebt! – und will ihm auch all seine Geheimnisse anvertrauen. «Ei, da ist ja mein Lehrer!» Den wird er jetzt erst einmal herzlich begrüßen, also behänd auf ihn zugehen, den bisherigen Redestrom kurz unterbrechen, sich flink auf die Begrüßungsworte einstellen: Das fällt ihm alles sehr leicht. Nun also dessen Hand freudig «ergreifen» (besser gesagt: leicht berühren), mit einem raschen, hellen, strahlenden

Blick die Augen des Lehrers streifen und fröhlich, unbeschwert, behänd den Gruß über die Lippen bringen! Und schon streift der Blick weiter, tastet die Gestalt des Lehrers von oben nach unten ab, sucht und findet: «Oh, waren Sie beim Friseur?» Oder: «Haben Sie eine neue Krawatte?» Nach ganz kurzer Pause (die Hand hat man längst zurückgezogen) verzieht sich die heitere Miene, schlägt in leichte Bekümmertheit um: «Mein Goldhamster ist krank geworden, aber – der kommt bestimmt durch, das weiß ich, und meine Mama sagt das auch!» – Nun geht es in die Klasse hinein, zu all den Freunden, aber noch nicht gleich auf den Platz – er hat ja vorher noch so viel zu tun.

So könnte sich ein sanguinisches Kind verhalten – aber jeden Tag anders!

Bedächtigen Schrittes, die Situation an der Klassentür recht bewusst beobachtend, nähert sich – in feiner, empfindsamer Fragehaltung, die hoffentlich nicht von außen bemerkt wird – ein weiteres Kind, Ernst. Es bleibt in einigem Abstand stehen. Es ist ihm nicht entgangen, dass sein Lehrer noch ganz mit dem vorigen Kind beschäftigt ist, und beginnt halbbewusst zu sinnen: «Was hat denn der Hans alles zu erzählen? Gefällt das meinem Lehrer? Da will ich noch nicht stören.» Das Kind hört, wie Hans vom kranken Goldhamster spricht, und fühlt innig mit: ‹Oh, das arme Tier, und der arme Hans, die tun mir beide leid – den Hans will ich nachher trösten. – So, ist er jetzt fertig?› Wachen Sinnes, in bewusster Haltung schreitet er auf die Begrüßung zu. Die Hand wird bedächtig, vertrauensvoll, mit behutsamem «Griff» gereicht. Ernst und fragend erfasst der Blick den des Lehrers – die eigene Stimmung ganz verbergen wollend. Ein wenig verhalten in der Stimme, dabei sehr achtungsvoll, wird gegrüßt und die Hand vorsichtig wieder gelöst. Beim Weitergehen kann in ihm die Begegnung noch nachklingen: ‹Er hat mich wieder so freundlich angeschaut. Das tut gut. Ob ihm der Goldhamster auch so leid tut – und der Hans? Ich muss nachher zu ihm gehen. Oh, was würde ich denn nur machen, wenn mein Kaninchen krank würde?› Nun auf kürzestem Wege auf den Platz gehen. ‹Hoffentlich werde ich nicht wieder angerempelt – wie neulich!› Am Platz angekommen: ‹Wie schön, auch heute ist alles gut gegangen!›

So könnte sich wohl ein melancholisches Kind verhalten.[86]

Erste Zusammenschau der Phänomene und weiterführende Aspekte

Nach dieser anschaulichen Einführung versucht man mit der Klasse, sich das Wesentliche der Phänomene zu verdeutlichen. In der ersten Schilderung lässt sich durch die kurzen, abgehackten Sätze und deren Ausrufungszeichen miterleben, wie der Choleriker voranschreitet. Man spürt etwas Tatkräftiges, Kraftvolles, Aufgewecktes, Energisches, Entschlossenes. Da ist Wille vorhanden. Da werden Ziele ins Auge gefasst, auf die man kraftvoll zugeht, und die Vorhaben werden auch ausdauernd und gründlich ausgeführt.

Das phlegmatische Kind offenbart in dem geschilderten Schritt, Griff und Blick große Gelassenheit gegenüber allen Ereignissen. In Gemächlichkeit, Zufriedenheit und innerem Wohlbehagen lässt es die Welt auf sich wirken. Mit Genuss erlebt es alles Regelmäßige, Rhythmische und kann lange an einer Sache verweilen. Geduld, Ausdauer und Friedfertigkeit sind diesem Temperament eigen. Welch großartige Eigenschaften!

Phlegmatiker und Choleriker kann man phänomenologisch als Gegensätze anschauen und in Kurzform gebracht so charakterisieren: Der Phlegmatiker möchte in einem angenehmen Zustand, in dem er sich gerade befindet, verharren, ihn nicht verändern – der Choleriker hingegen geht immer auf Ziele zu, und wenn er eines erreicht hat, sucht er ein neues, da er nicht auf der Stelle verharren kann.

Wie anders kommt der Sanguiniker daher! Leicht und heiter, spontan und gewandt geht er auf die Begebenheiten zu. Er richtet sein Interesse flugs auf neue Eindrücke, sieht und hört viel, öffnet seine Sinne weit und verbindet sich rasch und gern mit dem, was ihm begegnet. Wie leicht fällt es ihm, auf andere Menschen zuzugehen und sie spontan ins Herz zu schließen! Seine vielseitigen Interessen beleben ihn und die Gemeinschaft, die er freudig mitgestaltet. Sein reiches Seelenleben spiegelt sich auf seinem meist fröhlichen Antlitz wider. Zwar kennt er Kümmernisse, doch verschwinden sie so schnell, wie sie gekommen sind, liebt er doch die Welt und alles Schöne.

Der Melancholiker verhält sich im Grunde recht gegensätzlich zum Sanguiniker: Mit Behutsamkeit, innerem Ernst und größerer Bewusstheit begegnet er der Welt. Er lebt mit Vorliebe in seiner inneren Welt der Gedanken, Gefühle und Träume, liebt die innere wie äußere Stille und verhält sich feinfühlig, auch feinsinnig und lebt mit inneren Fragen – wie es in der beschriebenen Szene angedeutet werden sollte. Andere Menschen möchte er nicht stören; deshalb hält er sich vorsichtig und bescheiden zurück, übt Selbstkontrolle wie auch Selbstkritik. Er kann das Leid eines anderen Wesens tief mitfühlen – ja, er kann wirklich mitleiden.[87]

Durch diese gemeinsame, anschauliche wie auch gedankliche Studie gewinnen die Schüler einen Einblick in vieles, was sie seit Jahren aneinander erlebt haben, und aus ihren spontanen, oftmals erfrischend komischen Reaktionen wird einem deutlich, wie gut sie sich kennen und gegenseitig respektieren. Nun geht es darum, dass man sie auf die verschiedenen Temperamentsmischungen aufmerksam macht, ihnen verdeutlicht, dass bei aller Ähnlichkeit des Temperaments doch jeder eine Individualität ist und kein Mensch dem anderen gleichen kann.

Da im Chemieunterricht bereits während der 7. und 8. Klasse die vier Elemente zur Sprache kamen[88] – wie sie bei den Griechen eine große Rolle für das Erkennen von Weltgesetzen spielten –, wird es spannend, wenn die Schüler jetzt die vier Temperamente dazu in Beziehung setzen sollen. Schnell finden sie den Zusammenhang des Cholerikers mit dem Feuer-Element, und im Sanguiniker entdecken sie den «Luftikus». Schließlich leuchtet ihnen auch ein, dass den Melancholiker die Schwere – also das Erd-Element – belastet, während der Phlegmatiker seine innere Ausgewogenheit dem in ihm strömenden Wässrigen, z. B. der Lymphe, verdankt.

Viele Schüler einer 8. Klasse sind in der Lage, das hauptsächliche Temperament – man hat ja alle vier in sich, weil man auch alle vier Elemente in sich trägt – herauszufinden, wo es besonders ins Auge springt, mit Schmunzeln auch bei ihrem Klassenlehrer.

Stilkunde und Temperamente

In einem zweiten Teil geht man mit diesen erworbenen Kenntnissen daran, Stilarten aufzufinden.[89] Es stellt sich folgende Aufgabe: Die Schüler sollen in der Stilkunde erleben und zugleich empfinden lernen, wie ein Dichter seine Sätze baut und welche Temperamentsfärbung in dem Satzbau zum Ausdruck kommt, sodass nicht auf den Inhalt, den Sinn einer Erzählung, sondern auf die Form zu achten ist! Zunächst habe ich ihnen selbst vorgemacht, wie man eine Geschichte auf vierfache Weise erzählen kann – temperamentsmäßig eingefärbt, wie es der Klassenlehrer in all den Jahren zuvor ohnehin getan hat, um den verschiedenen Kindern gerecht zu werden. Dann beschäftigten wir uns mit namhafter Literatur.

Als Erstes entdeckten die Schüler in meiner Darstellung die *cholerische* Erzählweise und schrieben sich dann die wesentlichen Merkmale in folgender Kurzfassung ins Epochenheft: knappe Sätze – viel wörtliche Rede – häufige Ausrufe, daher viele Ausrufungszeichen! – Präsens als Erzählform – das Verb dominiert – die Betonung liegt auf dem Satzanfang – die Sprache kann fest, hart, scharf klingen.

Beim Anhören der ersten Strophe aus Schillers Ballade «Die Bürgschaft», die wir später ganz auswendig lernten und dann rezitieren konnten, wurde uns das auf gleiche Weise deutlich.

Zu Dionys, dem Tyrannen, schlich
Damon, den Dolch im Gewande;
Ihn schlugen die Häscher in Bande.
«Was wolltest du mit dem Dolche, sprich!»
Entgegnet ihm finster der Wüterich.
«Die Stadt vom Tyrannen befreien!»
«Das sollst du am Kreuze bereuen.»

Mit wie wenig Worten hat der Dichter in dieser einen Strophe eine ganze Geschichte erzählt – noch kürzer geht es wohl kaum!

In mehreren Zitaten aus Schillers «Geschichte des dreißigjährigen Krieges» – einem Lesestoff der 8. Klasse – suchten und fanden wir weitere charakteristische Merkmale.

Nach meiner anfänglichen Erzählung zum *sanguinischen* Temperament, während der auch viel wegen der sprudelnden Art gelacht wurde, fanden die Schüler schon etliche Charakteristika – zum Teil mit etwas Hilfe – heraus. Erste Eintragungen im Epochenheft: Es sind leichte, luftige Schilderungen – die Sätze sprudeln heraus – Neugierde wird geweckt – es wird vieles aufgezählt: was man hört, sieht, tastet, schmeckt – man spürt viel Bewegung und Beweglichkeit – die Eindrücke wechseln schnell – Leichtigkeit in der Erzählung – Kleinigkeiten, die man sehen, hören, riechen, schmecken, tasten kann, werden erwähnt.

Nach dem Vorlesen eines Briefes von Bettina Brentano an ihren Bruder, den bekannten Dichter Clemens von Brentano,[90] erarbeiteten wir uns dann weitere Gesichtspunkte, die die Schüler ebenfalls in Form von stichwortartigen Sätzen aufschrieben.

In ähnlicher Weise arbeiteten wir charakteristische Merkmale eines phlegmatischen und eines melancholischen Stils heraus.

Es kann sehr reizvoll sein, die Schüler nun selbst eine Geschichte in verschiedenen Stilarten schreiben zu lassen. So haben wir uns einmal folgendes Thema gestellt: Eine Person hat verschlafen und soll noch den Zug am Bahnhof oder ein anderes Verkehrsmittel pünktlich erreichen. Welch drollige Geschichten entstanden! Und nicht immer gelang es, nur den Satzbau im Bewusstsein zu behalten. Aber man versetzte sich in andere Temperamente, sodass ein cholerischer Schüler, der sonst vor Ärger fast platzt, wenn er zu spät kommt, beschreiben musste, wie ein phlegmatischer Mensch sich nun gar nicht aufregt, wenn er verschläft und ganz gelassen auf den nächsten Zug wartet – ohne zu hetzen.

Die Wirkung der Temperamente aufeinander

Abschließend sei zu dem an sich sehr umfangreichen Thema der Temperamente noch auf einen sehr wichtigen Aspekt hingewiesen: Man kann sein eigenes Temperament recht gut während des Zusammenseins mit seinen Mitmenschen kennenlernen. Es kommt nicht selten vor, dass man an einem anderen gerade das nicht mag, was man selbst als hauptsächliche Temperamentseigenart an sich hat, ohne es bisher bemerkt zu haben. So kann mancher Choleriker beim anderen nicht ausstehen, dass der sich aufregt. Interessant ist auch zu beobachten, wie die anderen auf mich reagieren, weil das viel über mich und mein Temperament aussagen kann. Es findet unbewusst eine Spiegelung statt.

«Gleiches erkennt Gleiches», lautet der Kernsatz der Temperamentenlehre (in der homöopathischen Medizin hingegen «Gleiches heilt Gleiches»). Die Kinder spiegeln sich, wenn sie neben jemandem mit gleichem Temperament sitzen. Die Spiegelung bewirkt, dass die Kinder sich unbewusst selbst erkennen, so nicht bleiben möchten und wiederum unbewusst ihr Temperament gewissermaßen abschleifen. Alle vier Nuancen hat jeder in sich, und als Erzieher muss man anstreben, sie vor allem bei sich, dann auch bei den Kindern, in ein harmonisches Verhältnis zu bringen, was bekanntlich nur sehr langsam geht.

So ist diese Stilkunde innerhalb einer Deutschepoche des achten Schuljahres zugleich eine Zeit der vertieften Selbsterkenntnis für den Lehrer wie für die Jugendlichen, erhält dadurch auch einen besonderen Stellenwert und kann wohl in dieser Form am besten vom Klassenlehrer erteilt werden.

Wie es in den anderen Epochen weitergeht

Unter der Fragestellung, ob denn der Klassenlehrer wegen der Fächerfülle und dem ohnehin weit fortgeschrittenen Ablöseprozess der Schüler nicht schon nach dem siebten Schuljahr aufhören sollte, soll abschließend in einem kurzen Überblick auf die weiteren Epochenfächer geschaut werden. Dabei kann sich zeigen, dass in einigen Fächern Überblicke, auch Abrundungen zu geben sind, die man sich gut in der Hand des Klassenlehrers vorstellen kann.

So geht es in der *Geschichte* darum, die Schüler vom Ende des Dreißigjährigen Krieges bis an die Gegenwart heranzuführen – ein wichtiges Erlebnis für die Jugendlichen, spätestens jetzt zu erkennen, dass der Klassenlehrer auch Zeitgenosse ist, in der gegenwärtigen Welt steht und sich damit auseinandergesetzt hat.

Desgleichen geht es in der *Geografie* darum, einmal die ganze Erde bis zum Ende des Schuljahres unter verschiedenen Gesichtspunkten, zum Beispiel länderkundlich, klimatologisch und völkerkundlich, zu betrachten.

In der *Astronomie*, die mancher Lehrer in Verbindung mit der Geografie erteilt, kann man bis zu Betrachtungen des Tierkreises und der Planetenbahnen vordringen.

In der *Physik* werden die Schüler noch einmal durch alle sechs Teilgebiete (Mechanik, Optik, Akustik, Wärmelehre, Elektrizitätslehre, Magnetismus) hindurchgeführt. Der Bau eines kleinen Elektromotors, bei dem auch die Spulen selbst zu wickeln sind, kann dann die Krönung der gemeinsamen Arbeit sein.

In der *Chemie* führt man die Schüler unter anderem an Stärke, Eiweiß, Zucker und Fette heran, betreibt also eine erste organische Chemie und kann dabei wieder mit Geschick auf die vier Elemente zu sprechen kommen, die die Schüler inzwischen aus der Betrachtung der Temperamente noch genauer kennen.

Eine Weiterführung der Algebra ist in der *Mathematik* zu leisten, bis zu Berechnungen von Flächen und Körpern, die man in der Geometrieepoche kennengelernt hat. In so mancher 8. Klasse sieht man, nachdem Stereometrie (Raumlehre) betrieben wurde, die selbstgebastelten platonischen Körper – nebst anderen – liegen oder von der Decke herabhängen. Eine interessante und verbindende Arbeit für Klassenlehrer und Schüler!

Es soll auch nicht unerwähnt bleiben, dass im Rahmen des *Deutschunterrichts* die Biografien Goethes und Schillers und auch deren Lebenswerk anfänglich betrachtet werden; die genauere Beschäftigung mit Goethe und Schiller findet dann aber in der Oberstufe statt.

Trotz der knappen Darstellung mag deutlich geworden sein, dass es durchaus sinnvoll sein kann, dem Klassenlehrer viele dieser Epochen zu überlassen – zumindest all die, bei denen es darum geht, Begonnenes abzuschließen, abzurunden.

Man könnte die acht Schuljahre mit dem Spielen einer Tonleiter vergleichen. Als ich bei Schuljahrsbeginn meine Achtklässler in der Aula zu begrüßen hatte und ihnen sagen wollte, weshalb doch acht Jahre ganz gut sein könnten, flötete ich eine Tonleiter bis zum siebten Ton, zur Septime, und hörte plötzlich auf. Die Schüler in der Aula ergänzten den achten Ton – jeder auf seine Weise – und waren froh, dass ich nach meiner Ansprache die Tonleiter noch einmal spielte: diesmal bis zur «erlösenden» Oktave.

Der Abschluss der gemeinsamen Zeit von Schülern und Klassenlehrer

Das Abschlussspiel

Im Verlauf dieses letzten Jahres ergeben sich besondere Höhepunkte, die jeder, der eine 8. Klasse unterrichten durfte, im Nachhinein bestimmt nicht missen möchte, wenn sie zum Teil auch mit viel Arbeit verbunden sind. Ein solcher ist das sogenannte Abschlussspiel, das im Allgemeinen zunächst im Deutschunterricht ausgewählt, durchgearbeitet und angelegt wird.

Eine reiche Auswahl an Stücken steht zur Verfügung: von den bekannten großen Dramen bis hin zu Schaupielen weniger bekannter Autoren und solchen Klassenspielen, die Kollegen für ihre Schüler selbst geschrieben und erfreulicherweise auch veröffentlicht haben.

Zur Vorbereitung gehört meistens, dass man Texte kürzt, gegebenenfalls auch einige Stellen umschreibt, vielleicht auch Rollen erfindet und einfügt, um für möglichst jeden Schüler eine zu haben. Bei großen Klassen muss man aus diesem Grund meistens zwei Besetzungen einrichten und hat dadurch doppelt so viele Proben.

Wenn alles gut läuft, kann dabei noch einmal eine ganz neue Art von Kontakt zu den Schülern entstehen, und dass ein solches Spiel sehr wesentlich zur Vertiefung der Klassengemeinschaft beizutragen vermag, wurde oben bereits dargestellt. Große Freude, sicherlich auch gegenseitige Dankbarkeit runden diese Arbeit, bei der so manche Höhen und Tiefen durchzustehen waren, meistens ab und geben einem Klassenlehrer das Gefühl, dass es doch richtig war, gerade dieses Stück mit dieser Klasse gespielt zu haben.

Jahresarbeiten

In etlichen Schulen ist es üblich, dass die Klassenlehrer im letzten Schuljahr ihre Schüler «Jahresarbeiten» anfertigen lassen. Zu einem interessanten Höhepunkt kann es kommen, wenn die Schüler ihre Werke gegen Ende der gemeinsamen Zeit ihren Mitschülern, Lehrern und Eltern vorführen. Da wird gegenseitig gestaunt, auch mit Hochachtung zum Ausdruck gebracht, dass man eine solch eindrucksvolle Arbeit von diesem oder jenem Schüler nicht erwartet hätte und vieles mehr.

Für den Klassenlehrer ist gleichsam der Herbst gekommen, und er betrachtet liebevoll einige schnell gereifte Früchte seiner Arbeit, weiß aber, dass die eigentlichen Früchte all dessen, was er zu veranlagen versuchte, erst im Laufe des Lebens aufgehen können, wenn er davon nicht mehr Zeuge sein kann – und das ist gut so.

Der Abschied von der Klassenlehrerzeit

Bevor dann der letzte Schultag mit der Zeugnisausgabe und dem Abschluss eines großen gemeinsamen Rückblicks kommt, wollen im Allgemeinen die Eltern – zusammen mit den Schülern – ein Abschiedsfest für «ihren» Klassenlehrer gestalten, was für alle nicht ganz einfach ist. Die Schüler freuen sich sehr auf ihre neuen Lehrer, sind gespannt auf alles, was sie an Neuem erwartet; und der Lehrer spürt im Grunde recht deutlich, dass es nun gut ist, aufzuhören und den Unterricht an diejenigen abzugeben, die für das Fach kompetent sind. Die Eltern, freilich auch die Jugendlichen, wissen allerdings auch nicht recht, wie es «da oben» weitergeht, und so geht man an das Neue, Unbekannte auch mit gemischten Gefühlen. Bisher «wusste man, was man hat», selbst wenn es hier und da vielleicht nicht immer einfach war.

Erfrischend ist ein solcher Abend immer dann, wenn außer den Dankesworten der Eltern von den Schülern viel Erheiterndes beigetragen wird, haben sie doch gemeinsam so manches erlebt, was, drollig vorgetragen, alle herzlich zum Lachen bringen kann. Der Klassenlehrer dankt auch den Eltern für ihr Vertrauen und ihre so wichtige Mitarbeit, dankt den Schülern für alles, was er an ihnen und mit ihnen während all der Jahre lernen durfte, und ist schließlich auch dankbar, wenn er diesen Abend gut überstanden hat!

Ein Freijahr für den Klassenlehrer?

In den meisten Fällen wird der Klassenlehrer nach der Sommerpause wieder mit einer 1. Klasse anfangen. Manche Eltern, die bereits ein oder mehrere Kinder in der Schule haben, beginnen daher gleich nach der Geburt eines weiteren Sprösslings auszurechnen, wer der Klassenlehrer für dieses Kind werden könnte. Man hat sich aber verrechnet, wenn der Betreffende von der Schule ein Freijahr bekommt.

Weil die Arbeit in den letzten zwei Jahren besonders anstrengend und der Sprung von der 8. in die neue 1. Klasse nicht ganz einfach ist, versuchen etliche Schulen, dem Klassenlehrer eine etwas ausgedehntere Freizeit zu gönnen, vermögen aber aus finanziellen Gründen höchstens einige Monate – wenn überhaupt – zu gewähren. In seltenen Fällen kommt es vor, dass jemand ein ganzes Jahr aussetzen darf, wobei er meistens für einen Teil der Finanzen selbst aufkommen muss.

Schon einige freie Wochen für die Umstellung auf die Arbeit mit den Kleinen werden dem Klassenlehrer gut tun. In manchen Fallen hat sich bewährt, ihn etwa ein Vierteljahr früher zu beurlauben, also vor Beendigung der 8. Klasse, sodass dann Oberstufenlehrer die eine oder andere Epoche übernehmen und einen mehr gleitenden Übergang zur Oberstufe schaffen können. Der für die Oberstufenzeit vorgesehene Klassenbetreuer lernt auf diese Weise die Klasse bereits kennen und, was ebenso wichtig ist, die Klasse ihn. Der Klassenlehrer weiß seine «Ehemaligen» in guten Händen und kann innerlich loslassen. In der Waldorfschule Hamburg-Bergstedt übernahm ich in den letzten Jahren meiner Schulzeit in der jeweiligen 8. Klasse einige Epochen und konnte so den Klassenlehrer entlasten – eine interessante Aufgabe für Lehrer in der Nähe des Rentenalters.

Die freie Zeit benötigt der Klassenlehrer, um wieder zu frischen Kräften zu kommen, sich mit neuen künstlerischen Impulsen zu durchdringen, Dinge zu tun, mit denen er sich während der letzten Jahre nicht intensiv genug beschäftigen konnte. Besonders wertvoll ist es, einmal eine Zeitlang etwas zu tun, was gar nicht zu dem Unterricht in Beziehung steht – beispielsweise in einen ganz anderen Beruf einzutauchen, falls einem das möglich ist. «Weltweit» geworden, kehrt man zurück und trägt zugleich das, was man an «innerer Weite» hinzugewonnen hat, in seine neue 1. Klasse hinein.

14. Ausklang

Die eingangs aufgeworfene Frage, wie denn ein Klassenlehrer all die gestellten Aufgaben bewältigen kann, sollte ihre Beantwortung dadurch finden, dass der Leser sich durch das Eintauchen in die Erlebnisse der einzelnen Klassenstufen selbst ein Bild davon machen kann, was auf die Schüler und deren Lehrer jeweils an Neuem zukommt. Da es ja nur möglich war, kleine Einblicke zu geben, kommt man vielleicht auf den Gedanken, es müsste in Wirklichkeit ein unüberwindlicher «Berg Arbeit» sein.

Dass der Klassenlehrer viel Arbeit hat, steht außer Zweifel. Die Ausführungen sollten aber gerade zeigen, dass er durch das Prinzip des Epochenunterrichts in die Lage versetzt wird, sich mit einem Schwerpunkt mehrere Wochen hindurch intensiv zu beschäftigen, was sich für ihn wie für die Schüler sehr positiv auswirken kann. Durch eine solche Konzentration ist es möglich, den von Jahr zu Jahr wachsenden Fächerkanon zu bewältigen. Dabei kommt es auf rechtzeitige und möglichst ökonomische Vorbereitung an.

Dass man sich als Klassenlehrer in so viele verschiedene Wissensgebiete einarbeiten und sie dann auch unterrichten kann, wird dadurch möglich, dass man sich methodisch schult und durch seine anthroposophischen Studien anfängt, ständig neue Zusammenhänge in der Welt zu entdecken. Dadurch lernt man, inhaltlich wesentliche Fäden zwischen den einzelnen Fächern zu knüpfen und stets den Menschen mit einzubeziehen. Wenn einem bei solcher Vorbereitung «Lichter aufgehen», kann echte Begeisterung, Enthusiasmus, aufkommen, die man für seinen Unterricht benötigt, da sie dann auch zündend und befeuernd auf die Kinder und Jugendlichen wirken. Gelingt es dem Klassenlehrer, seinen Unterricht zugleich künstlerisch zu gestalten, mag sich für ihn aus all dem Dargestellten die Berechtigung ergeben, einen solch großen Fächerkanon – gewissermaßen «universal» – in den acht Jahren zu unterrichten.

In ein reiches, interessantes und verantwortungsvolles Arbeitsfeld fühlt er sich vom Leben hineingestellt. Durch alles, was er in den Kindern veranlagt oder bewirkt, kann er mit an der Zukunft bauen und das Gefühl bekommen, dass es lohnenswert ist, sich ihretwegen selbst zu erziehen und an sich zu arbeiten. Er wird gerade dadurch pädagogisch wirksam, dass er nie fertig ist, sondern sich als stets Lernender an die Seite seiner Schüler stellt. Sie, als ebenfalls Lernende, möchten ihn aufgrund solchen Verhaltens zu ihrer Autorität machen.

Die so besonderen Gefühle wie Achtung, Ehrfurcht und Dankbarkeit bemüht sich auch der Klassenlehrer so intensiv wie möglich aufzubringen, wenn er im Stillen an seine Schüler denkt und sich dabei auf ihr eigentliches Wesen konzentriert, um so der Individualität eines jeden zunächst ahnend zu begegnen. Man kann sie als religiöse Gefühle bezeichnen. Sie schlummern in jedem Menschen, wollen aber geweckt und gepflegt werden. Gelingt das mehr und mehr, können sie dem Klassenlehrer zur inneren Kraftquelle werden, aus deren lebendigem Strom sich dann auch die Kinder ihre Wegzehrung holen.

In diesem Sinne lässt sich von einem religiösen Element sprechen, das durch die erwähnten Gefühle allen Unterricht zu durchdringen vermag – gemeinsam mit allen künstlerischen und erkenntnismäßigen Aspekten. So ergibt sich für alles pädagogische Wirken des Waldorflehrers eine Art Formel, in der alles hier Dargestellte zusammengefasst werden kann; Rudolf Steiner hat sie in folgende Worte gebracht:

> «Lebendig werdende Wissenschaft!
> Lebendig werdende Kunst!
> Lebendig werdende Religion!
> Das ist schließlich Erziehung,
> Das ist schließlich Unterricht.»[91]

Anhang: Die Morgensprüche zu Beginn des Hauptunterrichts

Der Morgenspruch für das erste bis vierte Schuljahr

Der Sonne liebes Licht,
Es hellet mir den Tag;
Der Seele Geistesmacht,
Sie gibt den Gliedern Kraft;
Im Sonnen-Lichtes-Glanz
Verehre ich, o Gott,
die Menschenkraft, die Du
In meine Seele mir
So gütig hast gepflanzt,
Dass ich kann arbeitsam
Und lernbegierig sein.
Von Dir stammt Licht und Kraft,
Zu Dir ström' Lieb' und Dank.

Rudolf Steiner

Der Morgenspruch für das fünfte bis zwölfte Schuljahr

Ich schaue in die Welt,
In der die Sonne leuchtet,
In der die Sterne funkeln;
In der die Steine lagern,
Die Pflanzen lebend wachsen,
Die Tiere fühlend leben,
In der der Mensch beseelt
Dem Geiste Wohnung gibt;

Ich schaue in die Seele,
Die mir im Innern lebet.
Der Gottesgeist, er webt
Im Sonn'- und Seelenlicht,
Im Weltenraum, da draußen,
In Seelentiefen, drinnen. –
Zu Dir, o Gottesgeist,
Will ich bittend mich wenden,
Dass Kraft und Segen mir
Zum Lernen und zur Arbeit
In meinem Innern wachse.

Rudolf Steiner

Anmerkungen

1 Als Einführung in die Waldorfpädagogik und ihre Grundlagen seien hier genannt: Henning Kullak-Ublick, *Jedes Kind ein Könner. Fragen und Antworten zur Waldorfpädagogik,* Stuttgart 2014. Frans Carlgren, *Erziehung zur Freiheit,* Stuttgart ^{10}2009; Peter Loebell (Hrsg.), *Waldorfschule heute. Eine Einführung,* Stuttgart 2011; Johannes Kiersch, *Die Waldorfpädagogik,* Stuttgart ^{12}2010. Weitere Literatur hierzu findet sich im nachfolgenden Literaturverzeichnis.

2 Die Morgensprüche für die 1. bis 4. Klasse und für die 5. bis 12. Klasse sind auf S. 19f. abgedruckt. Siehe dazu auch die Aufsätze von Reinhart Fiedler, Der Morgenspruch, und von Benediktus Hardorp, Der Morgenspruch in der Waldorfschule, in: Helmut Neuffer, *Zum Unterricht des Klassenlehrers an der Waldorfschule,* Stuttgart ^{3}2008, S. 68 ff.

3 Siehe Rudolf Steiner, *Erziehungskunst. Methodisch-Didaktisches,* Gesamtausgabe Bibl.-Nr. (= GA) 294, Dornach ^{6}1990, 4. Vortrag.

4 Wolfgang Schad, Zur Hygiene des Unterrichts, in: Helmut Neuffer (Hrsg.), *Zum Unterricht des Klassenlehrers an der Waldorfschule,* Stuttgart ^{3}2008, S. 46ff.

5 Georg Kniebe (Hrsg.), *Aus der Unterrichtspraxis an Waldorf- / Rudolf Steiner Schulen,* Dornach 1996, S. 20.

6 Siehe dazu Ernst-Michael Kranich (Hrsg.), *Der Rhythmus von Schlafen und Wachen,* Stuttgart ^{3}1992, und Stefan Leber, *Der Schlaf und seine Bedeutung,* Stuttgart 1996.

7 Rudolf Steiner, *Erziehungskunst. Methodisch-Didaktisches,* GA 294, Dornach ^{6}1990, 4. Vortrag.

8 Am zweiten Schultag wird der Klassenlehrer diesem Einfädeln genügend Aufmerksamkeit widmen. Da gibt es zunächst einiges auszuteilen, wie Hefte, Buntstifte usw. Man muss den Kindern zeigen, von welcher Seite aus man das Heft öffnet, sonst beschriftet doch jemand zuerst die letzte Seite. Auch wenn man die Hefte zu Hause mit dem Namen des Kindes versieht, kommt es vor, dass ein Kind es auf den Kopf dreht oder falsch herum hinlegt. Ebenso gilt es ein Bewusstsein dafür zu wecken, wie man sein Schreibzeug auspackt, es ordentlich vor sich hinlegt und den Buntstift am besten in der Hand hält. Auch der gemeinsame Anfang muss bedacht werden! Vor dem ersten sichtbaren Strich zeichnen die Kinder etliche Male die Linie mit dem Stift groß in die Luft und lassen sie dann kleiner werden, bis sie schließlich Blattgröße erreichen. Dann kommt der große Augenblick, den der Klassenlehrer die Schüler auch als einen solchen empfinden lässt: Sie lassen durch ihre Hand ihre erste Form auf einem Blatt entstehen und können sie später wieder anschauen.

9 Stefan Kaiser und Ingrid von Schmidt, Der Erzählstoff der Waldorfschule von der ersten bis zur achten Klasse, in: Helmut Neuffer (Hrsg.), *Zum Unterricht des Klassenlehrers an der Waldorfschule,* Stuttgart [3]2008, S. 93 f.

10 Siehe dazu Helmut Neuffer (Hrsg.), *Zum Unterricht des Klassenlehrers an der Waldorfschule,* Stuttgart [3]2008, Teil II: Altersstufengemäßer Erzählstoff.

11 Siehe dazu Rudolf Geiger, *Märchenkunde,* Stuttgart [2]1987; ders., *Märchenkunde. Neue Folge,* Stuttgart 1991, Friedel Lenz, *Bildsprache der Märchen,* Stuttgart [6]1988, Rudolf Meyer, *Die Weisheit der deutschen Volksmärchen,* Stuttgart [8]1981.

12 Siehe Margrit Jünemann u.a., *Formenzeichnen,* Stuttgart [3]2000.

13 Erika Dühnfort und Ernst-Michael Kranich, *Der Anfangsunterricht im Schreiben und Lesen,* Stuttgart [5]1996.

14 Ernst Schuberth, *Der Anfangsunterricht in der Mathematik an Waldorfschulen,* Stuttgart [3]2012.

15 Ebd., S. 39f.

16 Ebd., S. 41.

17 Siehe Rudolf Steiner, *Erziehungskunst. Seminarbesprechungen und Lehrplanvorträge,* GA 295, Dornach [4]1984, 4. Seminarbesprechung.

18 An dieser Stelle soll kurz darauf hingewiesen werden, was der Klassenlehrer in der ersten Schulzeit zusätzlich bedenken muss: Die Kinder haben in den ersten Wochen lediglich Unterricht bei ihrem Klassenlehrer, also nur Hauptunterricht. Daher richtet mancher Lehrer es so ein, dass er mit den Kindern etwa in der Mitte oder gegen Ende des Unterrichts gemeinsam frühstückt. So kann er sie dazu führen, auf gepflegte Weise zusammenzusitzen, einen Tischspruch zu sprechen, gemeinsam zu beginnen, ohne Hast zu speisen und schließlich alles aufzuräumen. Die Kinder gewöhnen sich an ein regelmäßiges Frühstücken, und man veranlagt «gute Gewohnheiten» für spätere Gelegenheiten wie Ausflüge und Klassenreisen. – Da den Kindern das Schulhaus zunächst fremd ist, wird der Klassenlehrer ihnen das Wichtigste zeigen müssen und sie so in die Umgebung einführen, dass sie sich allein zurechtfinden und sicher fühlen können. In der nächsten Zeit führt er mit ihnen zwischendurch kleine Erkundungsspaziergänge aus und zeigt ihnen, wo die Sanitärräume sind, wo sie das Büro mit der Sekretärin oder den Hausmeister finden; er begeht mit ihnen auch das ganze Schulgelände. Vor diesen «Ausflügen» müssen die Kinder erfahren, wie man sich in der Klasse nebeneinander aufstellt und leise über den Flur geht. Wie schnell herrscht Chaos, wenn man diese «Kleinigkeiten» vorher nicht genügend durchdacht und mit den Kindern besprochen hat. Einige Lehrer gehen während des Unterrichts für kurze Zeit auch auf den Schulhof, um ein Kreisspiel auszuführen oder eine Form zu laufen. So bekommt die Klasse viel Übung im gemeinsamen Aufstellen und Hinausgehen, was sich im Sozialen der Klasse gut auswirkt. – Für den Unterricht selbst ist es sinnvoll, die einzelnen Abschnitte zeitlich

geschickt einzuteilen und sich vorher zu überlegen, wie man die Übergänge von einem zum anderen gestalten möchte. Alle Einzelheiten wollen bedacht sein, so z. B., wie man die Kinder morgens begrüßen und später verabschieden möchte, ob sie beim Beantworten einer Frage sitzen oder aufstehen sollen, wann sie ihre Sachen aus dem Ranzen nehmen, wie und wann man selbst am sinnvollsten in der Klasse etwas austeilt oder wie einzelne Kinder bereits dabei helfen können.

19 Zum Malunterricht in der Waldorfschule siehe Thomas Wildgruber, *Malen und Zeichnen 1. bis 8. Schuljahr. Ein Handbuch*, Stuttgart [3]2013, sowie Margrit Jünemann und Fritz Weitmann, *Der künstlerische Unterricht in der Waldorfschule: Malen und Zeichnen*, Stuttgart [5]2007.

20 Als Beispiel für eine solche Farbgeschichte siehe den Aufsatz von Martin Keller, Aus dem Malunterricht einer ersten Klasse, in: Helmut Neuffer (Hrsg.), *Zum Unterricht des Klassenlehrers an der Waldorfschule*, Stuttgart [3]2008, S. 1010 ff.

21 Siehe Margrit Jünemann, *Tafelzeichnen. Pädagogisch-künstlerische Gesichtspunkte*, Stuttgart 1995.

22 Siehe Erhard Fucke, *Die Bedeutung der Fantasie für Emanzipation und Autonomie des Menschen*, Stuttgart [2]1981.

23 Siehe Jakob Streit, *Tiergespräche*, Weißenseifen 1988; weitere Literaturbeispiele finden sich im Literaturverzeichnis unter «Erzählstoffe».

24 Siehe Rudolf Kischnick, *Was die Kinder spielen*, Stuttgart [9]1999.

24a Reinhard Schönherr-Dhom, *Lernen im bewegten Klassenzimmer*, Stuttgart 2014.

25 Siehe z. B. Heinz Müller, *Von der heilenden Kraft des Wortes und der Rhythmen*, Stuttgart [4]1995.

26 Siehe dazu Helmut Eller, *Die vier Temperamente. Anregungen für die Pädagogik*, Stuttgart [2]2010, und Peter Lipps, *Temperamente und Pädagogik*, Stuttgart 1998.

27 Christoph Lindenberg, Individuelles Lernen, in: Stefan Leber (Hrsg.), *Waldorfschule heute*, Suttgart [2]1996, S. 131 ff. Siehe auch Peter Loebell, *Ich bin, der ich werde. Individualisierung in der Waldorfpädagogik*, Stuttgart 2004.

28 Siehe Michael Harslem, *Wie arbeiten Eltern und Lehrer zusammen?*, Suttgart 1999; siehe außerdem z. B. Michaela Glöckler, *Elternfragen heute*, Stuttgart [2]1995; Stefan Leber, *Die Sozialgestalt der Waldorfschule*, Stuttgart 1991; Manfred Leist, *Eltern und Lehrer*, Stuttgart [2]1988; Rudolf Steiner, *Geisteswissenschaftliche Behandlung sozialer und pädagogischer Fragen*, GA 192, Dornach [2]1991.

29 Margrit Jünemann u.a., *Formenzeichnen*, Stuttgart [3]2000.

30 Siehe Max Bolliger, *Bruder Franz*, Ravensburg [10]1996; Herbert Hahn, *Elisabeth von Thüringen*, Dornach [3]1982. Weitere Literaturangaben siehe im Literaturverzeichnis unter dem Stichwort «Erzählstoffe».

31 Siehe im Literaturverzeichnis unter dem Stichwort «Lesebücher».

32 Erika Dühnfort und Ernst-Michael Kranich, *Der Anfangsunterricht im Schreiben und Lesen*, Stuttgart [5]1996.

33 Margrit Jünemann u.a., *Formenzeichnen*, Stuttgart [3]2000.

34 Ein Überblick über den Rechenunterricht in den einzelnen Klassenstufen der Waldorfschule findet sich bei Hermann von Baravalle, *Rechenunterricht und der Waldorfschulplan*, Stuttgart [2]1984, und bei Ernst Schuberth, *Der Mathematikunterricht in der sechsten Klasse an Waldorfschulen*, Stuttgart 1994, S. 157 ff.

35 Siehe die Beiträge von Martin Carle in: www.waldorf-ideen-pool.de.

36 Siehe dazu auch *Zur Unterrichtsgestaltung im 1. bis 8. Schuljahr an Waldorf- / Rudolf Steiner Schulen*, Dornach 1996, S. 5.

37 Siehe z. B. Rudolf Steiner, *Die Erziehung des Kindes vom Gesichtspunkte der Geisteswissenschaft*, Dornach 1992; ders., *Allgemeine Menschenkunde als Grundlage der Pädagogik*, GA 293, Dornach [9]1992; Stefan Leber, *Die Menschenkunde der Waldorfpädagogik*, Stuttgart 1994.

38 Hartwig Schiller, *Da ist jemand in dir, den ich kenne. Die Idee von Reinkarnation und Karma in der Pädagogik*, Stuttgart 1998.

39 Siehe Rudolf Steiner, *Erziehung und Unterricht aus Menschenerkenntnis*, GA 302a, Dornach [4]1993, 1. Vortrag.

40 Siehe Stefan Leber, *Die Sozialgestalt der Waldorfschule*, Stuttgart 1991, und Michael Kalwa, *Die Konferenz an der Waldorfschule*, Suttgart 1998.

41 Hermann Koepke, *Das neunte Lebensjahr*, Dornach [5]1993; siehe auch Stefan Leber, *Die Menschenkunde der Waldorfpädagogik*, Stuttgart 1994.

42 Siehe z. B. Rudolf Steiner, *Die Geheimnisse der biblischen Schöpfungsgeschichte*, GA 122, Dornach [6]1984.

43 Siehe Caroline von Heydebrand und Ernst Uehli (Hrsg.), *Und Gott sprach*, Stuttgart o.J.; Jakob Streit, *Und es ward Licht*, Stuttgart [9]2011; ders., *Ziehet hin ins gelobte Land*, Stuttgart [8]2010; ders., *Lasst uns den Tempel bauen*, Stuttgart 1990.

44 Siehe Elisabeth Klein, *Mutter Erde, Korn und Brot*, Stuttgart [4]1988.

45 Siehe Rudolf Steiner, *Geisteswissenschaft als Erkenntnis der Grundimpulse sozialer Gestaltung*, GA 199, Dornach [2]1985; Erika Dühnfort, *Der Sprachbau als Kunstwerk*, Stuttgart [3]1997; Martin Tittmann, *Deutsche Sprachlehre der Volksschulzeit*, Stuttgart [4]1988; Heinz Zimmermann, *Grammatik*, Dornach 1997.

46 Siehe Christa Slezak-Schindler, *Künstlerisches Sprechen im Schulalter*, Stuttgart [6]1994.

47 Erika Dühnfort, *Rechtschreibung – welchen pädagogischen Wert kann sie haben?*, Stuttgart 1992.

48 Siehe Kurt Eigl, *Deutsche Götter- und Heldensagen*, München 1985; Dan Lindholm, *Götterschicksal – Menschenwerden*, Stuttgart [7]2002; Hans Rudolf Niederhäuser, *Ritter – Reiter – Gottesstreiter*, Stuttgart [3]1987.

49 Der Klassenlehrer steht vor der Aufgabe, sich wiederum rechtzeitig mit dieser zunächst sehr ungewohnten Art von Rezitation zu befassen und für sich zu Hause oder – wenn möglich – mit dem Sprachgestalter genügend zu üben, bevor er die Kinder dazu anleitet. Wenn bei Monatsfeiern die Schüler dieser Altersstufe

Verse aus der Edda vortragen, staunt man nicht selten darüber, wie verschieden jeder einzelne Klassenlehrer seine Schüler zum Sprechen des Stabreims angeleitet haben muss. Es ist auch eindrucksvoll zu sehen, auf welch unterschiedliche Weise die einzelnen Betonungen sichtbar gemacht werden können, indem sich die Schüler beim Rezitieren beispielsweise einzeln oder in Gruppen gegenseitig Stäbe zuwerfen und zugleich vorwärts oder rückwärts schreiten.

50 Rudolf Steiner, *Erziehungskunst. Methodisch-Didaktisches,* GA 294, Dornach [6]1990, 7. Vortrag. Siehe außerdem Gerbert Grohmann, *Erste Tier- und Pflanzenkunde in der Pädagogik Rudolf Steiners,* Stuttgart 1992.

51 Siehe Johannes Brakel, *Biber, Buntspecht und Delphine,* Stuttgart [3]2014, Ernst-Michael Kranich, *Wesensbilder der Tiere,* Stuttgart [2]2004; Wolfgang Schad, *Säugetiere und Mensch,* Stuttgart 2012.

52 Siehe Margrit Jünemann und Fritz Weitmann, *Der künstlerische Unterricht in der Waldorfschule: Malen und Zeichnen,* Stuttgart [4]1993.

53 Zum Begriff der Leistungen und zu den Anforderungen an Waldorfschüler vgl. z. B. Dietrich Esterl, *Welche Abschlüsse gibt es an Waldorfschulen?,* Stuttgart 1997.

54 Eine sehr instruktive Darstellung einer Epochenvorbereitung hat Christoph Gögelein gegeben; am Beispiel einer Pflanzenkundeepoche in der 5. Klasse beschreibt er ganz ausführlich und grundsätzlich Unterrichtsziele und -inhalte, ihre Voraussetzungen und Hintergründe, die sich der Klassenlehrer während seiner Vorbereitung erarbeitet: Christoph Gögelein, Was sind bestimmende Grundlagen der Waldorfpädagogik und aus welchen Quellen schöpft sie?, in: Stefan Leber (Hrsg.), *Waldorfschule heute,* Stuttgart [2]1996, S. 300 ff.

55 Siehe Erich Gabert und Georg Kniebe, *Strafe in der Selbsterziehung und in der Erziehung des Kindes,* Stuttgart [11]1993.

56 Rudolf Steiner, *Erziehung und Unterricht aus Menschenerkenntnis,* GA 302a, Dornach [4]1993, 1. Vortrag.

57 Siehe z. B. Karl Heyer, *Studienmaterialien zur Geschichte des Abendlandes. Bd. 1-3,* Stuttgart 1984-1986; Christoph Lindenberg, *Geschichte lehren,* Stuttgart [3]2008.

58 Hans Rudolf Niederhäuser, *Von griechischen Göttern und Helden,* Stuttgart [6]1991; Gustav Schwab, *Die schönsten Sagen des klassischen Altertums,* Stuttgart 1996.

59 Rudolf Steiner, *Erziehungskunst. Seminarbesprechungen und Lehrplanvorträge,* GA 295, Dornach [4]1984, 9. und 10. Seminarbesprechung.

60 Entsprechende Literatur: Johannes Brakel, *Birken, Mohn und Baobab. Ein Streifzug durch die Pflanzenwelt,* Stuttgart [2]2011; Frits Julius und Ernst-Michael Kranich, *Bäume und Planeten,* Stuttgart [4]2004; Ernst-Michael Kranich, *Pflanzen als Bilder der Seelenwelt,* Stuttgart [2]1996; ders., *Pflanze und Kosmos,* Stuttgart [3]1997; ders. *Urpflanze und Pflanzenreich. Metamorphosen von den Flechten bis zu den Blütenpflanzen,* Stuttgart 2007.

61 Siehe Anm. 54.

62 Siehe Johannes F. Brakel, *Birken, Mohn und Baobab* (Anm. 60).

63 Siehe Hans Rudolf Niederhäuser u. a., *Beiträge zum Geografieunterricht,* Basel 1985.

64 Außerdem wird man die Kinder – außer ihre eigenen Aufsätze – auch solche Texte in das Epochenheft eintragen lassen, die man selbst für sie abgefasst hat und an denen sie möglichst erleben sollen, wie man das Wesentliche eines Themas raffen und zugleich lebendig in Worte kleiden kann. Das Epochenheft wird gleichsam ihr selbstgefertigtes Lehrbuch.

65 Für die Vorplanung ist es wichtig, sich rechtzeitig Gedanken zu machen, wie man den Tagesablauf gestalten möchte. Will man einen möglichst rhythmischen Tagesablauf haben, morgens vielleicht eine Stunde Unterricht halten, die Kinder anschließend rund ums Haus frei spielen lassen, die Ausflüge somit auf den Nachmittag verlegen, wird man sich ein anderes Heim auswählen müssen, als wenn man beabsichtigt, täglich große Wanderungen zu machen und viel außer Haus zu sein.

66 Literatur zu den Sternbildern: Elke Blattmann, *Geheimnisvolle Sternenwelt,* Stuttgart 1991; Erika Dühnfort, *Vom größten Bilderbuch der Welt,* Stuttgart [11]2011.

67 Siehe z. B. Walter Kraul, *Erscheinungen am Sternenhimmel,* Stuttgart [4]2014; Joachim Schultz, *Rhythmen der Sterne,* Dornach [3]1985; H. Keller-von Asten, *Sterne schauen dich an,* Dornach 1973.

68 Siehe Hermann Koepke, *Das zwölfte Lebensjahr,* Dornach [3]1993; Stefan Leber, *Die Menschenkunde der Waldorfpädagogik,* Stuttgart 1994; Hans Müller-Wiedemann, *Mitte der Kindheit,* Stuttgart [6]2003.

69 In: *Aus der Unterrichtspraxis an Waldorf- / Rudolf Steiner Schulen,* Dornach 1996.

70 Inzwischen gibt es für diesen Unterricht sehr anregende Literatur mit vielen ähnlich eindrucksvollen Versuchen und Beschreibungen, sodass man den Klassenlehrern nur Mut machen möchte. Einfach auszuführen und zugleich sehr wichtig sind auch alle Versuche, an denen man zeigen möchte, wie sich die Schattenschwärze eines Gegenstandes verändert, wenn man eine Lampe langsam immer heller werden lässt. Siehe die Beiträge zum Physikunterricht in: Helmut Neuffer (Hrsg.), *Zum Unterricht des Klassenlehrers an der Waldorfschule,* Stuttgart 1997, S. 779 ff. Weitere Literaturhinweise finden sich im Literaturverzeichnis.

71 Giselher Wulff, Erste Gesteinskunde, in: Helmut Neuffer (Hrsg.), *Zum Unterricht des Klassenlehrers an der Waldorfschule,* Stuttgart [3]2008, S. 791 ff.; Wolfhard Wimmenauer, *Zwischen Feuer und Wasser,* Stuttgart 1992.

72 Ernst Schuberth, *Der Mathematikunterricht in der sechsten Klasse an Waldorfschulen,* Stuttgart 1994.

73 Christoph Lindenberg, *Geschichte lernen. Thematische Anregungen zum Lehrplan,* Stuttgart [3]2008.

74 Literaturhinweise siehe Literaturverzeichnis.

75 Siehe Manfred von Mackensen, *Feuer – Kalk – Metalle,* Kassel 1995; ders., *Werken und Basteln in der Chemie. 2 Hefte,* Kassel 1988 und 1989.

76 Frits H. Julius, *Stoffeswelt und Menschenbildung*, Stuttgart 1978.
77 Rudolf Hauschka, *Ernährungslehre*, Frankfurt/M. [9]1989.
78 Hans Rudolf Niederhäuser, *Völkerkunde – ein Mittel zur Menschenbildung*, Basel 1975.
79 Für den Klassenlehrer bedeutet dies, dass er sich mit der Algebra rechtzeitig vertraut gemacht haben muss, um genügend Sicherheit ausstrahlen zu können und von der Klasse akzeptiert zu werden. Dafür gibt es freilich Hilfestellungen: die Zusammenarbeit mit den Mathematiklehrern der Oberstufe und erfahrenen Klassenlehrern oder schulische Arbeitskreise. Es werden aber auch von den Lehrerseminaren entsprechende Fortbildungstagungen angeboten. Literaturhinweis: Arnold Bernhard, *Algebra für die siebte und achte Klasse an Waldorfschulen*, Stuttgart [2]1996.
80 Siehe Christoph Lindenberg, *Geschichte lehren*, Stuttgart [3]2008.
81 Siehe Arnold Bernhard, *Geometrie für die siebte und achte Klasse an Waldorfschulen*, Stuttgart 1993.
82 *Aus der Unterrichtspraxis an Waldorf- / Rudolf Steiner Schulen*, Dornach 1996, S. 91.
83 Siehe dazu den Bericht in der *Erziehungskunst*, Heft 12/1996, S. 1328 ff.
84 Siehe Stefan Leber, *Die Menschenkunde der Waldorfpädagogik*, Stuttgart 1994; Betty Staley, *Pubertät*, Stuttgart 1995.
85 Zu diesem ganzen Fragenkomplex siehe Helmut Eller, *Die vier Temperamente. Anregungen für die Pädagogik*, Stuttgart [2]2010, und Peter Lipps, *Temperamente und Pädagogik*, Stuttgart 1998.
86 Siehe Helmut Eller, Ein Weg zum Erkennen der kindlichen Temperamente, in: Helmut Neuffer (Hrsg.), *Zum Unterricht des Klassenlehrers an der Waldorfschule*, Stuttgart [3]2008, S. 1131 ff.
87 Siehe dazu Peter Lipps, *Temperamente und Pädagogik*, Stuttgart 1998, sowie das Themenheft «Temperamente» in der *Erziehungskunst*, 11/1991.
88 Siehe dazu Georg Kniebe, *Die vier Elemente*, Stuttgart 1993.
89 Sehr hilfreich für die eigene Einarbeitung können die Ausführungen von Erika Dühnfort sein: *Der Sprachbau als Kunstwerk*, Stuttgart [3]1997.
90 Ebd., S. 289.
91 Ansprache zur Eröffnung der ersten Waldorfschule am 7.9.1919, in: *Rudolf Steiner in der Waldorfschule*, GA 298, Dornach [2]1980, S. 23.

Weiterführende Literatur

Einführende Darstellungen zur Waldorfpädagogik und ihren Grundlagen:

Frans Carlgren, *Erziehung zur Freiheit. Die Pädagogik Rudolf Steiners*, Stuttgart [10]2009.

Dietrich Esterl, *Was bedeutet Anthroposophie für die Waldorfschule?*, Stuttgart 2000.

Wenzel Michael Götte (Hrsg.), *Hochbegabte und Waldorfschule. Grundlagen, Aufgaben, Anregungen*, Stuttgart 2005.

Johannes Kiersch, *Argumente für die Waldorfschule*, Flensburg 2004.

–, *Die Waldorfpädagogik. Eine Einführung in die Pädagogik Rudolf Steiners*, Stuttgart [12]2010.

–, Der Klassenlehrer an Waldorfschulen – ein Berufsbild, in: *Erziehungskunst* 6/1994, S. 550 ff.

Ernst-Michael Kranich (Hrsg.), *Unterricht im Übergang zum Jugendalter*, Stuttgart 1997.

–, *Anthropologische Grundlagen der Waldorfpädagogik*, Stuttgart 1999.

Henning Kullak-Ublick, *Jedes Kind ein Könner. Fragen und Antworten zur Waldorfpädagogik*, Stuttgart 2014.

Stefan Leber (Hrsg.), *Anthroposophie und Waldorfpädagogik in den Kulturen der Welt*, Stuttgart 1997.

–, (Hrsg.), *Die Pädagogik der Waldorfschule und ihre Grundlage*, Darmstadt 1983.

Stefan Leber, Tobias Richter, Jörgen Smit, *Grundlage, Wirklichkeit und Zielsetzung der Waldorfschule*, Wien / Köln 1990.

Christoph Lindenberg, *Die Lebensbedingungen des Erziehens*, Reinbek 1981.

–, *Waldorfschulen: Angstfrei lernen, selbstbewusst handeln. Praxis eines verkannten Schulmodells*, Reinbek 1995.

Peter Loebell, *Ich bin, der ich werde. Individualisierung in der Waldorfpädagogik*, Stuttgart 2004.

– (Hrsg.), *Waldorfschule heute. Eine Einführung*, Stuttgart 2011.

Thomas Marti, *Wie kann Schule die Gesundheit fördern? Erziehungskunst und Salutogenese*, Stuttgart 2006.

Monika Schopf-Beige (Hrsg.), *Bestanden. Lebenswege ehemaliger Waldorfschüler*, Stuttgart [2]2004.

Rudolf Steiner, *Erziehungskunst, Methodisch-Didaktisches*, GA 294, Dornach [6]1990.

–, *Erziehungs- und Unterrichtsmethoden auf anthroposophischer Grundlage*, GA 304, Dornach 1979.

–, *Die gesunde Entwickelung des Menschenwesens*, GA 303, Dornach [4]1987.

–, *Das Künstlerische in seiner Weltmission,* GA 276, Dornach ³1982.
–, *Menschenerkenntnis und Unterrichtsgestaltung,* GA 302, Dornach ⁵1986.
–, *Die Methodik des Lehrens und die Lebensbedingungen des Erziehens,* GA 308, Dornach ⁵1986.
–, *Elemente de Erziehungskunst. Menschenkundliche Grundlagen der Waldorfpädagogik,* hrsg. von Karl Rittersbacher, Stuttgart ³2004
–, *Praxis der Waldorfpädagogik,* hrsg. von Wenzel M. Götte, Stuttgart 2004.
Heinz Zimmermann, *Von den Auftriebskräften für das Erziehen,* Dornach 1997.

Sozialformen der Waldorfschule, Eltern-Lehrer-Zusammenarbeit:

Wenzel M. Götte, *Erfahrungen mit Schulautonomie. Das Beispiel der Freien Waldorfschule,* Stuttgart 2006.
Michael Harslem, *Wie arbeiten Eltern und Lehrer zusammen?,* Stuttgart 1999.
Stefan Leber, *Die Sozialgestalt der Waldorfschule. Ein Beitrag zu den sozialwissenschaftlichen Anschauungen Rudolf Steiners,* Stuttgart 1991.
Rudolf Steiner, *Geisteswissenschaftliche Behandlung sozialer und pädagogischer Fragen,* GA 192, Dornach ²1991.
–, *Die pädagogische Grundlage und Zielsetzung der Waldorfschule.* Einzelausgabe, Dornach 1983.
–, *Rudolf Steiner in der Waldorfschule,* GA 298, Dornach ²1980.

Darstellungen zum Lehrplan und zum Unterricht:

Erhard Fucke, *Grundlinien einer Pädagogik des Jugendalters. Zur Lehrplankonzeption der Klassen 6 bis 10 an Waldorfschulen,* Stuttgart ²1998.
Ernst August Karl Stockmeyer, *Angaben Rudolf Steiners für den Waldorfschulunterricht,* Stuttgart 1988.
Caroline von Heydebrand, *Vom Lehrplan der Freien Waldorfschule,* Stuttgart ¹¹2009.
Georg Kniebe (Hrsg.), *Aus der Unterrichtspraxis an Waldorf- / Rudolf Steiner Schulen,* Dornach 1996.
Helmut Neuffer (Hrsg.), *Zum Unterricht des Klassenlehrers an der Waldorfschule. Ein Kompendium,* Stuttgart ³2008.
Tobias Richter (Hrsg.), *Pädagogischer Auftrag und Unterrichtsziele – vom Lehrplan der Waldorfschule,* Stuttgart ³2010.
Reinhard Schönherr-Dhom, *Lernen im bewegten Klassenzimmer,* Stuttgart 2014.
Rudolf Steiner, *Erziehungskunst. Seminarbesprechungen und Lehrplanvorträge,* GA 295, Dornach ⁴1984.
Zur Unterrichtsgestaltung im 1. bis 8. Schuljahr an Waldorf- / Rudolf Steiner Schulen, Dornach 1996.

Zur anthroposophischen Menschenkunde, zu Erziehungsfragen und zu einzelnen Altersstufen:

Colleen Cordes / Edward Miller, *Die pädagogische Illusion. Ein kritischer Blick auf die Bedeutung des Computers für kindliche Entwicklung*, Stuttgart 2002.

Helmut Eller, *Die vier Temperamente. Anregungen für die Pädagogik*, Stuttgart ^{2}2010.

Michaela Glöckler, *Elternfragen heute. Erziehung aus Verantwortung*, Stuttgart ^{2}1995.

–, *Begabung und Behinderung. Praktische Hinweise für Erziehungs- und Schicksalsfragen*, Stuttgart ^{3}2004.

Michaela Glöckler und Wolfgang Goebel, *Kindersprechstunde. Ein medizinisch-pädagogischer Ratgeber*, Stuttgart ^{20}2015.

Armin Husemann, *Der Zahnwechsel des Kindes. Ein Spiegel seiner seelischer Entwicklung*, Stuttgart 1996.

–, *Der musikalische Bau des Menschen. Entwurf einer plastisch-musikalischen Menschenkunde*, Stuttgart ^{4}2003.

Hans Friedbert Jaenicke, *Kinder mit Entwicklungsstörungen. Möglichkeiten und Grenzen der Integration in der Waldorfschule*, Stuttgart 1996.

Henning Köhler, *Jugend im Zwiespalt. Eine Psychologie der Pubertät für Eltern und Erzieher*, Stuttgart ^{7}2009.

–, *Schwierige Kinder gibt es nicht. Plädoyer für eine Umwandlung des pädagogischen Denkens*, Stuttgart ^{7}2014.

–, *Von ängstlichen, traurigen und unruhigen Kindern. Grundlagen einer spirituellen Erziehungspraxis*, Stuttgart ^{8}2014.

–, *Vom Wunder des Kindseins*, Stuttgart 2003.

–, *War Michel aus Lönneberga aufmerksamkeitsgestört? Der ADS-Mythos und die neue Kindergeneration*, Stuttgart ^{5}2013.

Ernst-Michael Kranich (Hrsg.), *Die Bedeutung des Rhythmus in der Erziehung*, Stuttgart 1992.

–, *Der Rhythmus von Schlafen und Wachen. Seine Bedeutung im Kindes- und Jugendalter*, Stuttgart ^{3}1992.

Stefan Leber, Die *Menschenkunde der Waldorfpädagogik. Anthropologische Grundlagen der Erziehung des Kindes und Jugendlichen*, Stuttgart 1994.

Bernard Lievegoed, *Entwicklungsphasen des Kindes*, Stuttgart 1982.

Peter Lipps, *Temperamente und Pädagogik. Eine Darstellung für den Unterricht an der Waldorfschule*, Stuttgart 1998.

Andreas Neider (Hrsg.), *Bildung ist mehr als Lernen. Kindergarten und Schule im Dialog*, Stuttgart 2006.

– *Lernen aus neurobiologischer, pädagogischer, entwicklungspsychologischer und geisteswissenschaftlicher Sicht*, Stuttgart 2004.

–, *Lernen durch Kunst. Wider den Nützlichkeitszwang in der Pädagogik im Kindergarten- und Schulalter*, Stuttgart 2005.

Hermann Koepke, *Das siebte Lebensjahr. Die Schulreife*, Dornach 1996.
–, *Das neunte Lebensjahr. Seine Bedeutung in der Entwicklung des Kindes*, Dornach ⁵1993.
–, *Das zwölfte Lebensjahr. Der Eintritt in die Pubertät*, Dornach ³1993.
Hans Müller-Wiedemann, *Mitte der Kindheit. Das neunte bis zwölfte Lebensjahr*, Stuttgart ⁶2003.
Rainer Patzlaff, *Der gefrorene Blick. Bildschirmmedien und die Entwicklung des Kindes*, Stuttgart 2013.
Bruno Sankühler, *Lernen Kinder mit dem Kopf? Die Bedeutung von Bewegung und praktischem Tun in der Waldorfpädagogik*, Stuttgart 1999.
Albert Soesman, *Die zwölf Sinne. Tore der Seele*, Stuttgart ²2009.
Betty Staley, *Pubertät. Überleben zwischen Anpassung und Freiheit*, Stuttgart 1995.
Rudolf Steiner, *Allgemeine Menschenkunde als Grundlage der Pädagogik*, GA 293, Dornach ⁹1992.
–, *Die Erziehung des Kindes vom Gesichtspunkte der Geisteswissenschaft*, Einzelausgabe, Dornach 1992.
–, *Das Geheimnis der menschlichen Temperamente*, durch C. Englert-Faye aus mehreren Vorträgen zusammengearbeiteter Text, Basel 1967.
Moniek Terlouw u.a., *Kinder mit Rätseln. Hilfestellungen bei Entwicklungsproblemen*, Stuttgart 2002.

Deutschunterricht. Lesen, Schreiben, Grammatik:

Erika Dühnfort, *Rechtschreibung – welchen pädagogischen Wert kann sie haben? Waldorfpädagogik in der methodischen Handhabung des Schreib- und Leseunterrichts*, Stuttgart 1992.
–, *Der Sprachbau als Kunstwerk. Grammatik im Rahmen der Waldorfpädagogik*, Stuttgart ³1997.
Erika Dühnfort und Ernst-Michael Kranich, *Der Anfangsunterricht im Schreiben und Lesen in seiner Bedeutung für das Lernen und die Entwicklung des Kindes*, Stuttgart ⁵1996.
Christa Slezak-Schindler, *Künstlerisches Sprechen im Schulalter*, Stuttgart ⁶1994.
Rudolf Steiner, *Geisteswissenschaft als Erkenntnis der Grundimpulse sozialer Gestaltung*, GA 199, Dornach ²1985.
Moniek Terlouw, *Legasthenie und ihre Behandlung*, Stuttgart ²1997.
Martin Tittmann, *Deutsche Sprachlehre der Volksschulzeit. Menschenkundlich begründet nach Anregungen Rudolf Steiners*, Stuttgart ⁴1988.
–, *Lautwesenskunde. Erziehung und Sprache*, Stuttgart 1979.
Heinz Zimmermann, *Grammatik. Spiel von Form und Bewegung*, Dornach 1997.

Lesebücher:

Gabriele Böttcher, *Der rote Gockel,* Kassel 1998.

Peter Guttenhöfer (Hrsg.), *Schau in die Welt. Lesebuch für die Waldorfschule,* Stuttgart ^{7}2013.

Caroline von Heydebrand (Hrsg.), *Der Sonne Licht. Lesebuch der Freien Waldorfschule,* Stuttgart ^{15}1992.

Hedda Kubiessa (Hrsg.), *Erde, unser lieber Stern. Ein Lesebuch für Waldorfschüler der zweiten bis vierten Klasse,* Stuttgart ^{6}2005.

Caroline von Heydebrand und Ernst Uehli (Hrsg.), *Und Gott sprach. Biblisches Lesebuch für das dritte Schuljahr der Freien Waldorfschule,* Stuttgart o.J.

Erzählstoffe:

Michael Bauer, *Pflanzenmärchen, Tiergeschichten und Sagen,* Stuttgart 1951.

Max Bolliger, *Bruder Franz,* Ravensburg ^{10}1996.

Herbert Hahn, *Elisabeth von Thüringen,* Dornach ^{3}1982.

–, *Das goldene Kästchen. Erzählungen, Legenden, Märchen,* Stuttgart ^{4}1989.

Kurt Eigl, *Deutsche Götter- und Heldensagen,* München 1985.

Elisabeth Klein, *Mutter Erde, Korn und Brot,* Stuttgart ^{4}1988.

Dan Lindholm, *Götterschicksal – Menschenwerden,* Stuttgart ^{7}2002.

–, *Die Stimme der Felswand. Natursagen, Märchen und Schwänke aus Norwegen,* Stuttgart ^{2}1980.

Märchen der Brüder Grimm.

Hans Rudolf Niederhäuser, *Ritter – Reiter – Gottesstreiter,* Stuttgart ^{3}1987.

–, *Römische Sagen und Geschichten,* Stuttgart ^{4}1988.

–, *Von griechischen Göttern und Helden,* Stuttgart ^{6}1991.

Gustav Schwab, *Die schönsten Sagen des klassischen Altertums,* Stuttgart 1996.

Jakob Streit, *Ich will dein Bruder sein. Die schönsten Legenden neu erzählt,* Stuttgart ^{8}2010.

–, *Kindheitslegenden. Geburt und Kindheit Jesu,* Stuttgart ^{10}2000.

–, *Lasst uns den Tempel bauen. Der Weg Israels von König Salomon bis zu Johannes dem Täufer,* Stuttgart 1990.

–, *Tiergeschichten,* Stuttgart ^{15}2014.

–, *Tiergespräche,* Weißenseifen 1988.

–, *Und es ward Licht. Von der Weltschöpfung zur Arche Noah,* Stuttgart ^{9}2011.

–, *Ziehet hin ins gelobte Land. Der Weg des Volkes Israel von Abrahams Berufung bis zu Davids Traum,* Stuttgart ^{8}2010.

Rechnen, Geometrie und Formenzeichnen:

Hermann von Baravalle, *Geometrie als Sprache der Formen,* Stuttgart [3]1980.

–, *Methodische Gesichtspunkte für den Aufbau des Rechenunterrichts und der Waldorfschulplan, Stuttgart* [2]1984.

Arnold Bernhard, *Algebra für die siebte und achte Klasse an Waldorfschulen,* Stuttgart [2]1996.

–, *Geometrie für die siebte und achte Klasse an Waldorfschulen,* Stuttgart 1993.

–, *Vom Formenzeichnen zur Geometrie der Mittelstufe. Anregungen für das Wecken des geometrischen Denkens in der 6., 7. und 8. Klasse,* Stuttgart 1996.

Ruud Gersons, *Handelsrechnen. Zum Unterricht über den Geschäftsverkehr und die Aktivitäten im Wirtschaftsleben,* Dornach 1996.

Margrit Jünemann u.a., *Formenzeichnen,* Stuttgart [2]1992.

Thor Keller, *Aufgabensammlungen für die 6., 7. und 8. Klasse der Waldorfschule.* 3 Bände, edition Waldorf (zu beziehen über www.waldorfbuch.de)

Ernst Schuberth, *Der Anfangsunterricht in der Mathematik an Waldorfschulen,* Stuttgart [3]2012.

–, *Der Geometrieunterricht an Waldorfschulen. Bde. 1-3,* Stuttgart.

–, *Der Mathematikunterricht in der 3. Klasse,* Stuttgart 2015.

–, *Der Mathematikunterricht in der sechsten Klasse an Waldorfschulen,* Stuttgart 1994.

–, *Wirtschaftskunde und Algebra in der 7. und 8. Klasse an Waldorfschulen,* Stuttgart 2008.

Arnold Wyss, Ernst Bühler, Fritz Liechti, René Perrin, *Lebendiges Denken durch Geometrie,* Stuttgart [4]1995.

Astronomie:

Elke Blattmann, *Geheimnisvolle Sternenwelt,* Stuttgart 1991.

Erika Dühnfort, *Vom größten Bilderbuch der Welt. Sternbilder-Geschichten durch das Jahr,* Stuttgart [9]1996.

Himmelskunde an der Waldorfschule, Themenheft der *Erziehungskunst,* 1/1998.

Joachim Schultz, *Rhythmen der Sterne,* Dornach [3]1985.

Heidi Keller-von Asten, *Sterne schauen dich an,* Dornach 1973.

Walter Kraul, *Erscheinungen am Sternenhimmel. Die Bewegungen der Gestirne beobachten und verstehen,* Stuttgart [4]2014.

Biologie und Anthropologie:

Jochen Bockemühl, *Lebenszusammenhänge erkennen, erleben, gestalten,* Dornach 1980.

Johannes F. Brakel, *Birken, Mohn und Baobab. Ein Streifzug durch die Pflanzenwelt,* Stuttgart [3]2014.

Frits Julius, *Das Tier zwischen Mensch und Kosmos. Neue Wege zu einer Charakteristik der Tiere,* Stuttgart [2]1981.

Frits Julius und Ernst-Michael Kranich, *Bäume und Planeten. Beitrag zu einer kosmologischen Botanik,* Stuttgart [4]2004.

Thor Keller, *Zum Menschenkundeunterricht in der Unter- und Mittelstufe der Waldorfschule,* edition Waldorf (zu beziehen über www.waldorfbuch.de)

Johannes Kiersch, Umwelterziehung in der Waldorfschule, in: Jörg Calließ und Reinhold E. Lob (Hrsg.), *Handbuch Praxis der Umwelt- und Friedenserziehung,* Bd. 2, Düsseldorf 1987, S. 664 ff.

Ernst-Michael Kranich, *Pflanzen als Bilder der Seelenwelt. Skizze einer physiognomischen Naturerkenntnis,* Stuttgart [2]1996.

–, *Pflanze und Kosmos. Grundlinien einer kosmologischen Botanik,* Stuttgart [3]1997.

–, *Wesensbilder der Tiere. Einführung in die goetheanistische Zoologie,* Stuttgart [2]2004.

Olaf Oltmann, *Das Blühen der Pflanzen. Geistige Schulung an der Natur,* Stuttgart 1996.

Hermann Poppelbaum, *Mensch und Tier,* Frankfurt/M. 1981.

Bernd Roßlenbroich, *Die rhythmische Organisation des Menschen. Aus der chronobiologischen Forschung,* Stuttgart 1994.

Wolfgang Schad, *Säugetiere und Mensch. Ihre Gestaltbiologie in Raum und Zeit,* Stuttgart 2012.

Sexualität und Sexualerziehung, Themenhefte der *Erziehungskunst,* 3-4/1981 und 6/1998.

Umwelterziehung, Themenheft der *Erziehungskunst,* 4/1995.

Lothar Vogel, *Der dreigliedrige Mensch. Morphologische Grundlagen einer allgemeinen Menschenkunde,* Dornach [3]1992.

Physik und Chemie:

Hermann von Baravalle, *Physik als reine Phänomenologie. 2 Bde.,* Stuttgart 1993 und 1996.

Peter Buck und Manfred von Mackensen, *Naturphänomene erlebend verstehen. Über Physik- und Chemieunterricht an Waldorfschulen und ihre erkenntnismethodische und didaktische Grundlegung,* Köln [5]1994.

Walther Bühler, *Nordlicht, Blitz und Regenbogen,* Dornach 1982.

Rudolf Cantz, *Wesenszüge der Elektrizität. In Experimenten und typischen Anwendungen,* Dürnau [4]1992.

Walter Dietz, *Chemie. Ergebnisse aus dem Epochenunterricht in der 7. und 8. Klasse,* Dürnau ^{2}1992.

Inge Finkbeiner und Hans Rebmann, *Zum Anfangsunterricht in Physik in der Waldorfschule,* Stuttgart 1989.

Frits H. Julius, *Entwurf einer Optik. Zur Phänomenologie des Lichts,* Stuttgart 1984.

–, *Stoffeswelt und Menschenbildung. 2 Teile,* Stuttgart 1978 und 1988.

Thor Keller, *Zum Physikunterricht in der Mittelstufe der Waldorfschule – eine Wegleitung,* edition Waldorf (zu beziehen über www.waldorfbuch.de).

–, *Zum Chemieunterricht in der Mittelstufe der Waldorfschule – eine Wegleitung,* edition Waldorf (zu beziehen über www.waldorfbuch.de).

Ernst-Michael Kranich (Hrsg.), *Chemie verstehen. Die Bedeutung der Elemente in Substanz- und Lebensprozessen,* Stuttgart 2005.

Manfred von Mackensen, *Feuer – Kalk – Metalle. Stärke, Eiweiß, Zucker, Fett. Einführende Unterrichtsgebiete aus phänomenologischem Ansatz für die Chemieepochen der 7. und 8. Klasse,* Kassel 1995.

–, *Werken und Basteln in der Chemie. Eine Anleitung zu chemischen Versuchsreihen mit den Mitteln des Alltags für Schüler. 2 Hefte,* Kassel 1988, 1989.

–, *Klang, Helligkeit und Wärme. Phänomenologischer Physikunterricht, entwickelt aus Praxis und Theorie der Waldorfschule,* Kassel ^{2}1992.

Gerhard Ott, *Grundriss einer Chemie nach phänomenologischer Methode. 2 Bände,* Basel 1960 und 1962.

Geschichte, Geografie und Geologie:

Karl Friedrich Althoff, *Materialsammlung zur Geschichte der alten Kulturen,* Heiligenberg 1980.

Walther Cloos, *Kleine Edelsteinkunde. Im Hinblick auf die Geschichte der Erde,* Schaffhausen ^{5}1989.

Christoph Göpfert, *Beiträge zum Geografieunterricht,* Zürich 1974.

Herbert Hahn, *Vom Genius Europas. Wesensbilder von zwölf europäischen Ländern, Völkern, Sprachen.* 4 Bde., Stuttgart ^{4}1992.

Christoph Lindenberg, *Geschichte lehren. Thematische Anregungen zum Lehrplan,* Stuttgart ^{3}2008.

Hans Rudolf Niederhäuser, *Römische Sagen und Geschichten,* Stuttgart ^{4}1988.

–, Völkerkunde, ein Mittel zur Menschenbildung, in: *Die Menschenschule,* Heft 3/4, 1975.

Wolfgang Schad, Bergkristalle – Thema mit Variationen, in: *Erziehungskunst,* 1/1981, S. 5-17.

Rudolf Steiner, *Geschichtserkenntnis. Zur Symptomatologie der Geschichte,* hrsg. von Christoph Lindenberg, Stuttgart 1982.

Giselher Wulff, Erste Wetterkunde, in: *Erziehungskunst,* 7-8/1994, S. 693-710.

Weitere Fächer:

Erhard Fucke, *Wirtschaften – was ist das? Ein Lesebuch für Jugendliche zur Einführung in die Zusammenhänge des Wirtschaftslebens,* Stuttgart 1994.

Rudolf Hauschka, *Ernährungslehre,* Frankfurt/M. ⁹1989.

Margrit Jünemann, *Tafelzeichnen. Pädagogisch-künstlerische Gesichtspunkte,* Stuttgart 1995.

Margrit Jünemann und Fritz Weitmann, *Der künstlerische Unterricht in der Waldorfschule: Malen und Zeichnen,* Stuttgart ⁵2007.

Michael Kalwa, *Begegnung mit Musik. Zum Lehrplan des Musikunterrichtes an Waldorfschulen,* Stuttgart 1997.

Stephan Ronner, *Praxisbuch Musikunterricht,* Stuttgart ²2012.

–, *Warum Musikunterricht? Eine Einführung in den Musikunterricht an Waldorfschulen?,* Stuttgart 2000.

Hans Rudolf Niederhäuser u.a., *Beiträge zum Geografieunterricht,* Basel 1985.

Thomas Wildgruber, *Malen und Zeichnen 1. bis 8. Schuljahr. Ein Handbuch,* Stuttgart ³2013.

Wolfgang Wünsch, *Menschenbildung durch Musik. Der Musikunterricht an der Waldorfschule,* Stuttgart ²1997.

Reinhart Ziller, Der Pflug und seine Behandlung im Unterricht der Waldorfschule, in: *Erziehungskunst,* 7-8/1976, S. 330-345.

Helmut Eller

Die vier Temperamente

Anregungen für die Pädagogik

247 Seiten, kartoniert

ISBN 978-3-7725-1644-3

Helmut Eller gibt einen Überblick über die menschlichen Temperamente und zeigt ihre Bedeutung für die Waldorfpädagogik. Er bietet reiches Anschauungsmaterial zum Erkennen verschiedener Temperamentsfärbungen und wichtige Anregungen für die pädagogische Praxis.

Verlag Freies Geistesleben

Reinhard Schönherr-Dhom
Lernen im
bewegten Klassenzimmer
Anregungen für die Pädagogik
191 Seiten, kartoniert
ISBN 978-3-7725-2647-3

Der erfahrene Klassenlehrer Reinhard Schönherr-Dhom, der seit vielen Jahren an einer Waldorfschule erfolgreich mit dem innovativen Konzept des «bewegten Klassenzimmers» arbeitet, schildert die Grundzüge, Erfahrungen und praktischen Auswirkungen dieses Unterrichtsmodells. An einzelnen Beispielen wird das bewegte Klassenzimmer anschaulich erläutert. Ein sehr ausführlicher praktischer Teil gibt zahlreiche Anregungen zur Sinnesschulung und zu einem Lernen in Bewegung.
Für Klassen- und Förderlehrer ist dieses Buch ein hilfreiches Arbeitsmittel. Es eignet sich aber auch für interessierte Eltern, die sich über das bewegte Klassenzimmer informieren möchten.

Verlag Freies Geistesleben